Kan Kan Trip

来た 見た 食うた

大台南 ヤマサキ兄妹的 見聞録

ヤマサキタツヤ

もくじ

三章　郊外

四章　まとめ

五章　旅の便利帖

大家好！（台：ダゲホー）これからはじまるヤマサキ兄妹による「大台南」は兄タツヤ目線で進行しているので、この欄外ではワタクシ台南案内人ハナコによるツッコミや補足解説をしていきます。よく「兄弟」と書かれるけど「兄妹」です。ヤマサキ兄妹は中国語で「サンチーションメイ」。

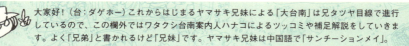

プロローグ

はじめに
この本について。
台南市のカタチ
台南
ためし読みでもわかるように…
この本は写真は一切出てきません。本物を見る楽しみは
現地まで取っといてください。
no photo
私がイラストレーターなのでオールイラスト!!
そしてあまり詳細な情報は載せないように
ざっくり紹介できるようにしました。理由は
GUIDE BOOK
台南
一応ガイド的使い方もできますが。
台南の街はめちゃめちゃめちゃ移り変わるから!
あの店なくなったらしいで
今ここ描いてるがな!!
エー!!
また?

お店情報は基本的に店名と住所しか書いてません。営業時間などコロコロ変わるので、行く直前にお店のFBなどで確認するのが一番確実。事前にアレコレ調べて準備するのは旅気分をアゲるための、重要でなおかつめっちゃ楽しい行程だと思ってます。

台南には色々な
顔があり
驚きの街
古都の街
グルメの街
府城
台南
台南はコンパクトに楽しむことができるし
ダイナミックにも楽しむことができる。
大台南
台南
この本を読んでいただき
「台南」をつかんでいただけたらと思います。
welcome
台南

美味しいもん、歴史、建築、などなど色んな角度から、ヤングなお嬢さんから兄のようなおっさんまで幅広い世代が楽しむことができるオモロイ街台南。「大台南とはなんぞや?」ものちのち出てきますので、まぁそない急がんとぼちぼち台南案内いきまひょか。

一章
台南のこと

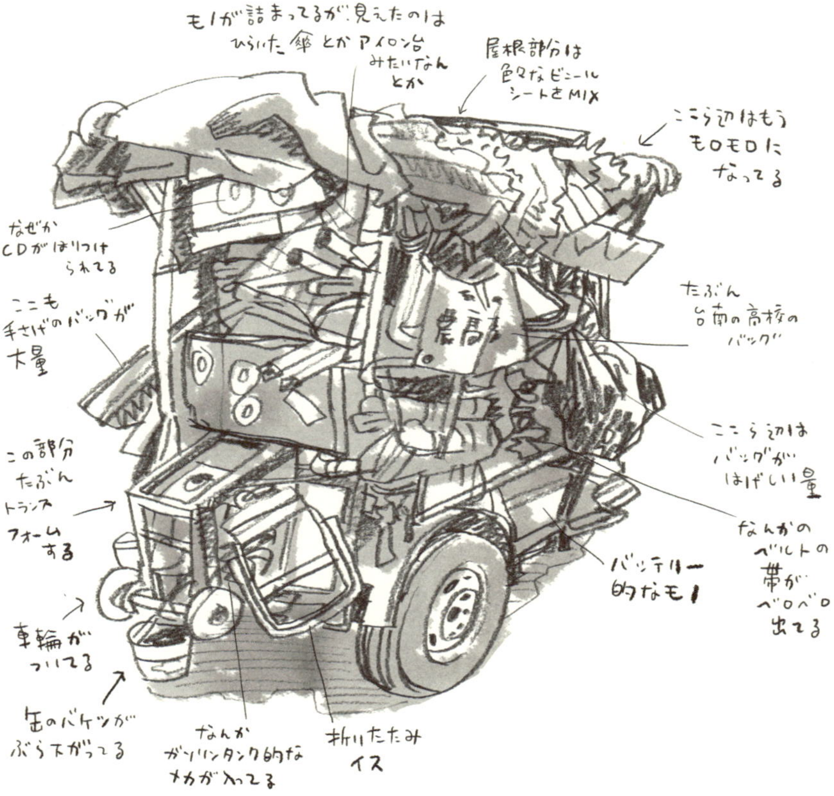

モノが詰まってるが、見えたのは
ひらいた傘とかアイロン台
みたいなんとか
屋根部分は
色々なビニール
シートをMIX
ここら辺はもう
モロモロに
なってる
なぜか
CDがはりつけ
られてる
ここも
手さげのバッグが
大量
たぶん
台南の高校の
バッグ
ここら辺は
バッグが
はげしい量
この部分
たぶん
トランス
フォーム
する
なんかの
ベルトの
帯が
ベロベロ
出てる
バッテリー
的なモノ
車輪が
ついてる
缶のバケツが
ぶら下がってる
なんか
ガソリンタンク的な
メカが入ってる
折りたたみ
イス

臺灣《台湾》
MAP
連江県
金門県
澎湖県
高雄市管轄
東沙群島
南沙群島
太平島
中洲島
台北市
基隆市
桃園市
台北
新北市
新竹市
新竹県
苗栗県
宜蘭県
台中市
台中
彰化県
南投県
花蓮県
雲林県
嘉義市
北回帰線
嘉義県
台南
台南市
高雄
台東県
高雄市
屏東県
台鐵
（国鉄）
高鐵
（新幹線）
その他

台南基本情報

台湾最大の街台北から南へ約３００キロに位置し、一番古くに発展した街、台南。オランダ時代、鄭成功時代、清朝時代、そして日本統治時代と、歴史に翻弄されながらもその当時の面影が今でも多く残る。食の街としても知られ、台南独特のメニューも多い。市街地から郊外へ足を延ばせば海があり山があり自然豊かな風景も楽しめる。

【通貨】

新台幣（シンタイビー）は日常的には台幣（タイビー）と呼ばれる。単位は圓、元（どちらもユェン）。口語では塊（クァイ）を使う。硬貨は6種類、紙幣は5種類あるがそのうち5角、20元、２００元、２０００元を見かけることはほぼない。

【言語】

いわゆる中国語（北京語）の國語（グォユゥ）が主に使われ、台語（タイユゥ）という台湾語も年配者を中心に台南では日常的に使われている。その他客家語（クージャーユゥ）など。

※本書ではカタカナで中国語ヨミを表記し、台湾語ヨミもカタカナで「台」とつけている

【気候】

日本人的には夏夏夏秋ぐらいの感覚で一年のほとんどが暑い。太陽の熱が痛く湿気が多い。過年（グォニェン）と呼ばれる台湾の正月前後は10度台後半、稀に前半にまで気温が下がることも。冬場も湿気が多いため体感温度はもっと下がる。エアコンはクーラーのみで暖房機能ナシがほとんど。

【電圧など】

日本は１００Ｖで台湾は１１０Ｖ。変換プラグの必要はなく日本の電化製品はほぼそのまま使える。台鉄台南駅やバス停、バス車内では携帯電話が充電できるＵＳＢポートがついていることもある。

【ネット環境】

公共無料Wi-Fiは台湾全土で展開している iTaiwan の他、台南市がやっている Touch TAINAN（tainan）がある。iTaiwan は空港や駅の黄色が目印の旅遊服務中心で登録可能。事前オンライン登録をした場合も旅遊服務中心での手続きが必要。tainan は対象地域でWi-Fiにアクセスして登録。iTaiwan、tainan のどちらかで登録すると同じアカウントでどちらも使える。信号機に「臺南智慧４Ｇ智慧城市 WiFi」と書いてある場所でも利用可能。宿泊施設はもちろん飲食店などでも無料でWi-Fiを提供していることが多い。

【宿泊】

市街地では宿泊施設は中西區に集中していて5千円前後のホテルが多い。ドミトリータイプは台北に比べると格段に少ない。民宿に泊まるのも流行っている。民泊から5つ星ホテルまで選択肢は広い。郊外には民宿や車庫付きモーテルが多い。

【交通】

新幹線（高鉄）＝高鐵（ガオティエ）、在来線（台鉄）＝台鐵（タイティエ）、火車（フォーチャー）、駅＝站（ザン）、バス＝公車（ゴンチャー）、他の都市とを結ぶ長距離バス＝客運（クーユン）、タクシー＝計程車（ジーチェンチャー）。

※台南市街地で「火車站（フォーチャーザン）」と言うと台鉄台南駅のことを指す。

台湾は日本と反対で右側通行。エスカレーターは大阪と同じで右側に立つ。

【台南への交通】

桃園空港から（約2時間半〜3時間。1200元前後）

バスかMRT空港線で高鐵桃園站へ。約25分。→新幹線で台南。約1時間25分。→隣接する台鐵沙崙站から在来線で台南。約25分。

高雄空港から（約1時間半〜2時間。200元前後）

1 高雄空港から地下鉄のような捷運（KRT）で高雄へ。約18分。→台鉄で台南。特急の自強號で約30分。各駅停車の區間車で約1時間。

2 高雄空港から捷運で左營へ。約28分。→隣接する台鐵新左營站から台南へ。自強號で約25分。區間車で約45分。

※高雄駅は大きいため、1より2の方が乗り換え時のストレスが少ない。

3 高雄空港から捷運で左營へ。約28分。→隣接する高鐵左營站から新幹線で台南へ。約12分。→隣接する台鐵沙崙站から在来線で台南。約25分。もしくは無料シャトルバス高鐵快捷公車で市街地へ。約45分〜1時間。

※新幹線を利用するが左營−台南は135元ほどと高くはない。

4 高雄空港からバス「台南小港機場快線 Tainan Express」で約1時間半。150元。「klook 高雄空港」で検索し事前にオンライン購入を。

台南空港から

バスの市區公車5と紅3の2路線が走っているが本数が少なくタクシー利用が良い。市中心部まで約20分で約200〜250元。

各都市から

各都市との移動はシートピッチが広く座り心地も良く値段も安い長距離バスが便利だ。國光（グォグァン）・統聯（トンリェン）・和欣（フーシン）の3社が運行しており時間帯や日により値段が変わる。和欣は1列1列（計2列）の豪華仕様車もある。しかし長距離バスは時間が読みづらく鉄道に比べると事故も多い。台鉄は列車によって時間や値段が変わり、特急の自強號（ズーチャンハオ）、莒光號（ジューグァンハオ）は座席指定券を購入する。座席指定しない「無座」乗車券もあるが座席指定券と値段は同じだ。普悠瑪號（プーヨウマーハオ）は完全座席指定でシートピッチは広いがよく揺れる。

台北から

新幹線利用の場合、約1時間45分〜2時間、約1300元。

台鉄利用の場合、自強號で約4時間、莒光號で約6時間、普悠瑪號で約3時間。約600〜700元。

長距離バスは台北轉運站から24時間運行。約4〜5時間だが週末や休日は道

路が混むことが多く6時間ほどかかる場合も。深夜早朝は4時間以内で到着する。400元台～600元台。

台中から

新幹線の駅が中心地から離れているので台鉄か長距離バス利用が便利だ。台鉄利用の場合、自強號、莒光號で約2時間、普悠瑪號で約1時間半、區間車で約3時間。約250元前後。長距離バスは台鉄の台中駅前や朝馬から24時間運行。約2時間半～3時間。約200元～300元。

高雄から

台鉄を利用するのが一般的。台鉄の終電は意外と早く、もし乗り遅れた場合タクシーか、長距離バスで台南北部の新營まで行ってそこからまた長距離バスで台南市街地へ戻る方法しかない。

台東・花蓮から

台東からは台鉄利用で自強號、莒光號で約3～4時間。300元台～400元台。花蓮からは直接台南を目指すより台北などを中継地点にした旅程の方が良い。

【台南での交通】

公共の乗り物にもコンビニでの買い物にも使えるICカード悠遊卡（ヨウヨウカー）と一卡通（イーカートン）はどちらか1枚持っておきたい。各コンビニでは色んなデザインのものが販売されておりチャージもできる。

市街地

中心部は徒歩で回れるが、暑さや道の状況を考えると自転車利用もオススメだ。宿泊施設にレンタサイクルがあることも多い。台南市公共レンタサイクルT-Bikeステーションも各地にある。台南火車站周辺はレンタルバイクの店が多く、1日400元ほどで借りることができる。日本のJAFで日本の運転免許証を中国語に翻訳した書類+日本の運転免許証があれば台湾で運転することができる。短距離のちょい乗り利用ができるほどバスの本数は多くない。タクシーは初乗り1.5キロまで85元、以降250メートルごとに5元。トランク利用10元。事前交渉が必要だが8時間貸切で3000元。

T-Bikeの利用方法

クレジットカードもしくはICカードを登録すると利用できる。ICカードを登録するには台湾の携帯電話番号が必要。台湾滞在中にオンラインもしくは各T-Bikeステーションの機械Kiosk（日本語表記あり）で登録可能。1つの電話番号で悠遊卡と一卡通各1枚ずつ登録できる。利用料金はICカードもクレジットカードも30分毎に10元で1日最大100元。

郊外

台南のバス「大台南公車」の「幹支線公車」はICカード利用で8km以内は無料。台湾の主な風景区を走る「台灣好行」は、市街地と安平を結ぶ99（台江線）と市街地を巡る88（府城巡迴線）、嘉義と台南北部を結ぶ33（關子嶺故宮南院線）、台南北部の新營から嘉義の布袋経由で海辺を南下する61（西濱快線）が運行。郊外はタクシーが少ない。

到着して

空港
※この時点でインターネットを使えるようにしておく
あちー!!
高雄からの場合で向かっております。
・SIMフリー携帯＋ツーリスト用プリペイドSIM
・インフォメーションでI ♡ TAIWAN（FreeWi-fi）など
捷運
捷運で飲食は厳禁!!
構内もアウトよ
うっかり飲んでしまいがち
台鐵高雄站
This ONE…
お弁当を買う。袋は有料です。
台鐵
自強號（特急）で高雄↓台南は約30分
オレにもちょいくださらないて。
ガタン ゴトン ガタン ゴトン
welcome 臺南

日本から直接台南めがけて行くのなら高雄空港利用が断然オススメ。台南への直通バスも運行開始したしね。台鐵の自強號では大きなスーツケースを置く場所がないので要注意。車窓からの景色を眺めていたらあっという間に台南に到着（一番のオススメは台南空港利用）。

ここでもう少し電車の説明をば。
窓口にて券を買う必要があります
特急
普通
自販機もアリマスが……
たとえば高雄から台南へは特急のほうが早いケド
台鉄のアプリがあれば、かなり楽に指定の席が買えるのだけれど
窓口に見せている
ちなみに、私がつかってるアプリは「台鉄e訂通」
スマホやアプリがなければメモに書いて見せるのがベスト。
台南
自強號
後は表示された金額を支払えばＯＫ。
106
OK
様々な型の特急があるのでマニアックに楽しめる。
自強號
ゆれるねー
スーツケースがあると、けっこう窮屈にはなってしまうけどね…

自強號や莒光號の座席指定券を確実に買うなら窓口で。座席指定券以外に悠遊卡や一卡通などのICカードで乗車することもでき、しかも70km以内は區間車の値段の1割引き！ 座席指定も確保もできないけど、節約したい＆立ちっぱなしOKな人向き。※高雄台南区間での話

台鐵台南站
ついたで台南ー!!
なんやかんやで半日かー
台南のこの匂い!!
このロータリーちょっと危険なので注意してね
ネットはオススメ
やはりこのご時世、常時ネットを使えるととても便利。
そして時間の節約にもなる。
グーグルMAP
どうしても常時ネットが無理な場合はホテルのWi-Fiを使ってメモるか
ホテルのロビーにたいていMAPがあるのでそれを参考に。
うーむ
そして便利なのがこのカードたち
パーッ
日本のスイカやイコカのようなICカードで、コンビニなどで買える。様々な柄があるので選ぶのも楽しいよ。
大きく3種類
悠遊卡 Easy Card
一番メジャーなのがコレ
一卡通 i PASS
愛金卡 i cash
電車、バスはもちろん、買いモノや色々使えるのでオススメ!!
台湾全土でも有効!!

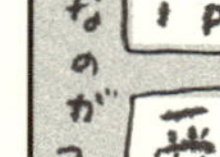

台鐵台南駅改札出てすぐ横にツーリストインフォメーションがあるのでWi-Fi登録や地図など旅の強い味方になる装備を整えよう。台南市観光局が出してるパンフレットはテーマ毎に色んな種類があるので旅のスタイルに合わせて選べる。郊外の情報もここで揃います。

台南の一日

台南の朝は騒がしい。
なんやなんや!?
パパパパン
街にお廟が多くあるのでほぼ毎日、花火の音で目覚める。
戦闘機の音もすさまじい。
キーン
かなりの低空!
スゴー!!
朝は近所の公園を散歩。老いも若きも早くから公園で動いている。
リス
そらみなさん元気やわ
台南公園
そのまま近場の朝市へ。朝からすごいパワーに圧倒されながら朝ごはん。
ワイワイ
犬はダレとなる……
←寝てる

朝食が超豪華なホテルに宿泊の場合を除き、朝食はホテルではなく外で食べるのがオススメ。
朝市ではサバヒーの頭部のみとよく目が合う。

暑くなる前に
今日の太陽に備えよう。
ゴゴゴゴ
ゴゴゴゴ
日焼け止め
帽子
グラサン
ヌリ
ヌリ
タオル
夏場はゲリラ豪雨も多いので
傘もあれば良し。
ボアー!!
エライ雨やでこれ。
でもアーケードあるけどねー!!
でもけっこうスグ止む。
大きな施設を挟みつつ、
休憩しながらうまく観光するのが
台南を回るコツ。
司法博物館ーー!!
向かいは大きな美術館ー!!
水分補給も忘れずに。
こっちのオッちゃん一人でスイーツとか食べてるよな。
お昼も食べつつ
お店はたくさんあります。
夕方になれば黄昏市場へ
地元の人々が夕飯のオカズを買いに集まる市場。

太陽が痛いぐらいの暑さの中を出歩くのは思ってるよりハード。体力に自信がない場合はちょこちょこタクシーを使うのも有効（市内中心部だと1回の乗車でだいたい100元以内）。黄昏市場は中心地から少し離れるけど朝市とはまた違う雰囲気でさらに地元感溢れオススメ。

美味そうなスイーツや惣菜が
並んでたり、
朝市とはまた違った、
夕時の市場。
朝市、夜市と比べても、
グルメ度がかなり高く
見学してたら
お腹空きすぎる…。
夜はみんなで集まって
ワイワイと
食べることが多く。
百貨店はけっこう遅くまで
営業している。
新光三越
だいたい22:00くらいまでやってる!! 朝は11:00から
涼むのにええよー!!
夜は、台湾でも
最大級と言われている
夜市で楽しむ。
飲食の露店も多くて初心者でも安心して楽しめる夜市!
これがだいたいの
台南での1日。
花園、大東、武聖夜市が有名。曜日によって営業日が異なる流動夜市なので調べてから行こう!
輪投げオモロイよ!!
あやしい電子機器も見もの。
ぼく、靴下やパンツをよく買うよ。

人数によって食べるものが大きく変わるのが晩ごはん。レストランや熱炒（ルーツァオ）や燒烤（サオカオ）と呼ばれる台湾風居酒屋では1人めしでは食べられないメニューが色々。逆に少人数の場合は保安路や夜市で何軒もはしごして食べ歩けるので、どっちにしろ楽しい。

お店情報

懐舊圓滿排骨便當 ④ 台鉄「高雄」駅（前站）1F、台鉄「新左營」駅2F、高鉄「台南」駅、台鉄「嘉義」（後站）。高鉄台南では高確率ですべての弁当が売り切れているので要注意。

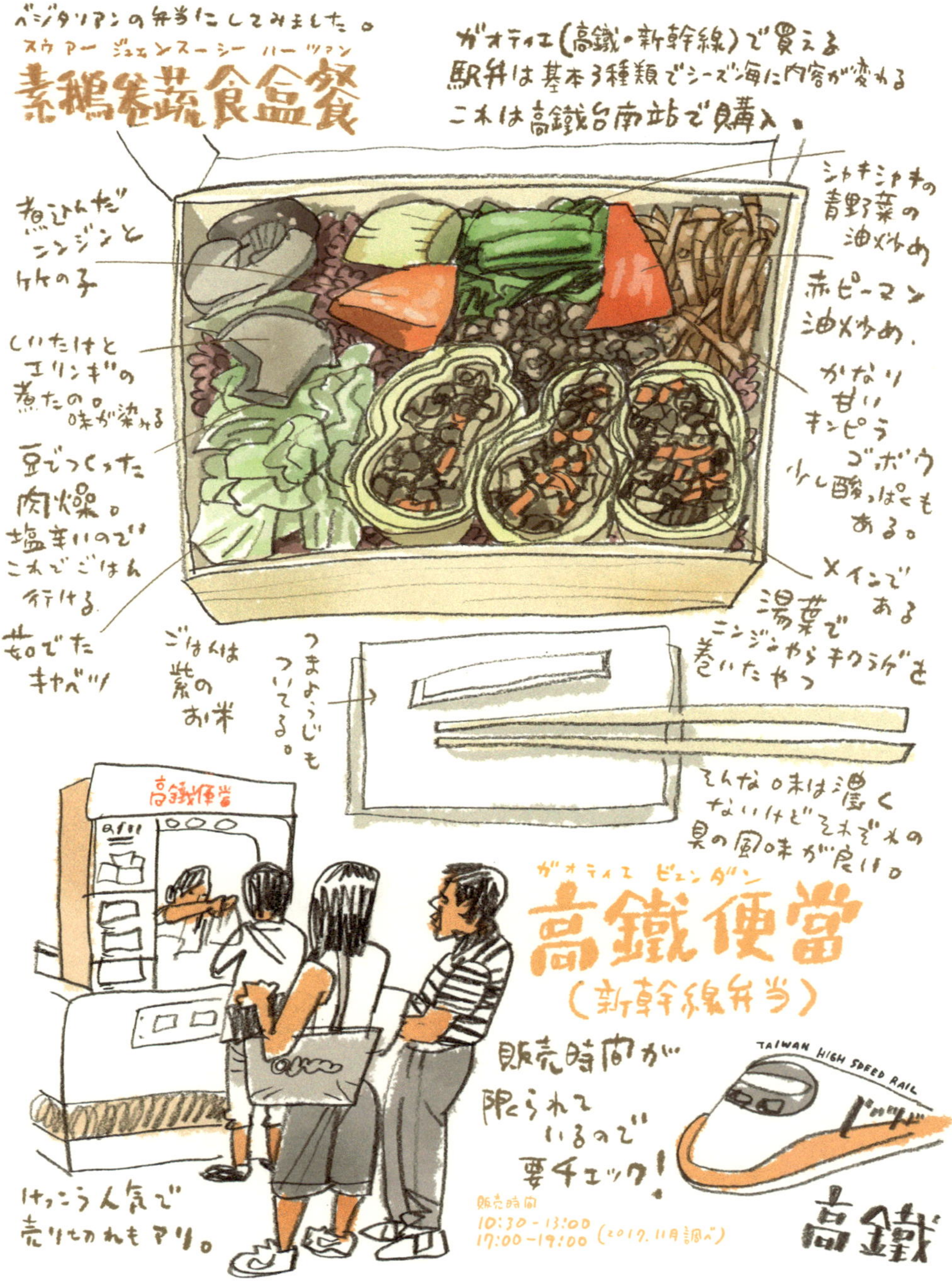
ベジタリアンの弁当にしてみました。
素鵝巻蔬食盒餐《スウアージュエンスーシーハーツァン》
ガオティエ（高鐵・新幹線）で買える
駅弁は基本3種類でシーズン毎に内容が変わる
これは高鐵台南站で購入。
煮込んだニンジンとタケの子
しいたけとエリンギの煮たの。味が染みる
豆でつくった肉燥。塩辛いのでこれでごはん行ける。
茹でたキャベツ
ごはんは紫のお米
つまようじもついてる。
シャキシャキの青野菜の油炒め
赤ピーマン油炒め。
かなり甘いキンピラゴボウ 少し酸っぱくもある。
メインである湯葉でニンジンやらキクラゲを巻いたやつ
そんな味は濃くないけどそれぞれの具の風味が良い。
高鐵便當
高鐵便當《ガオティエビェンダン》
（新幹線弁当）
販売時間が限られているので要チェック！
販売時間
10:30-13:00
17:00-19:00 （2017.11月調べ）
TAIWAN HIGH SPEED RAIL
高鐵
けっこう人気で売りきれもアリ。

お店情報

素鵝巻蔬食盒餐 高鉄「台南」駅をはじめ高鉄各駅 10時半～13時と17時～19時に「南港」「左營」発の車内で販売されている。シーズン毎に内容が変わりこの弁当は2017年6月に100元で購入。

精《ジン》緻《ジー》素《スウ》食《シー》便《ビェン》當《ダン》

どちらも
haobsiung 台鉄
高雄駅で
買いました

幸《シン》福《フウ》八《バー》角《ジャオ》魚《ユウ》排《パイ》便《ビェン》當《ダン》

高雄から台南までは自強號(特急)で
30分ホドで着くので
乗ったらスグにいただき始めよう。

お店情報

Ⓣ 台鉄「高雄」駅（前站）1F、高鉄「台南」駅など。※台鉄「台南」駅は種類が少ない。台湾の北部中部南部東部ではそれぞれ作っている弁当の種類が違い、限定モノもたまにある。

二章

市街地

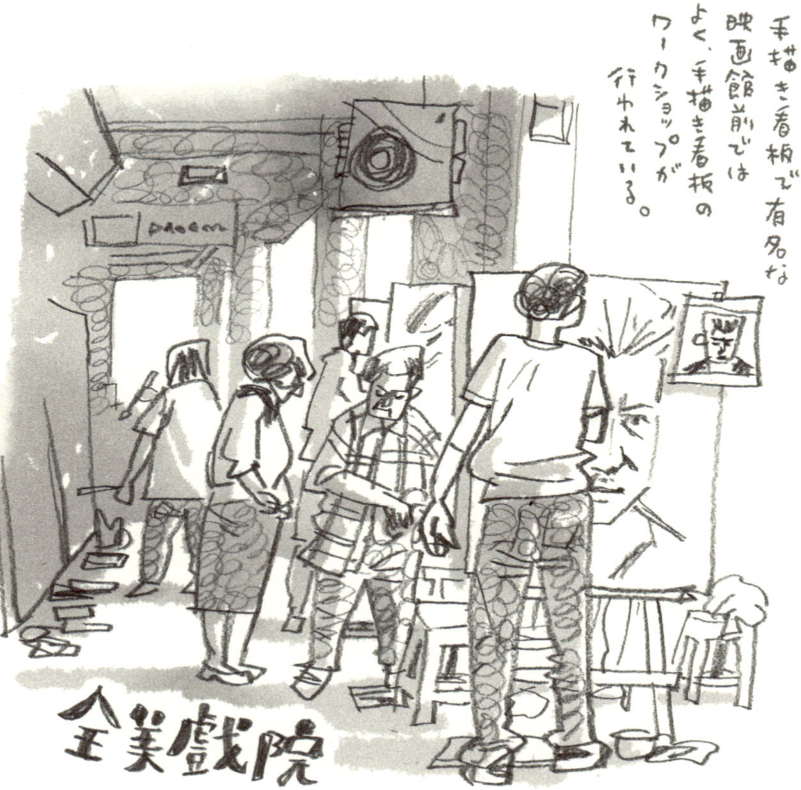
手描き看板で有名な映画館前ではよく、手描き看板のワークショップが行われている。
金美戲院

台南市街地近郊地図

公共レンタサイクルT-Bikeを使えばラクラクな市街地。緊急時に助かるスーパーも記載。

P98 西海岸活蝦之家
P85 花園夜市
好市多
(COSTCO)
北海室内
釣蝦場
P85 小北成功夜市
P67 和緯黄昏市場 11：00～
17甲
小北
百貨
スーパー
俗俗的賣
スーパー
321巷
藝術聚落
P85 武聖夜市
P69 阿樂牛排
大潤發
大きなスーパー
バス
ターミナル
公園南路
17
小北
百貨
スーパー
海安路
西門路
←安平
P37 長春健康素食 民族店
鴨母寮市場
民權路
P33 阿星鹹粥
安平路
永樂市場
成功路
台南運河 クルーズ船アリ
赤崁樓
神農街
台南運河
詳細MAPは次ページへ
市街地中心
民族路
新光三越
P164 台南市美術館1館
(原臺南警察局)
正興街
金華路
中正路
林百貨
文學館
臺南市政府
美術館
東菜市
美術館
二館
孔子廟
P85 新永華夜市
P90 洁洁 永華店
家樂福
(カルフール)
延平郡王祠
文南路
水萍溫
公園
新光三越
台南新天地
南門
公園
P80 鵝國鵝肉
文南
黄昏市場
17
17甲
全聯
P81 美都涼麵
P66 福吉雅手工布丁
國立
臺南
大學
健康路 P80
阿國鵝肉 文南總店
五妃廟
TTL
P90
咕嚕咕嚕
小北百貨
全聯
棒球場
(野球場)
P37 長春健康素食
全聯
P95 原竹仔店肚海產
プール
P104 黒橋牌香腸博物館
P83 鴻公公越南河粉
中正紀念
運動公園
(朝市)
金華市場
水交社公園
全聯
鹽埕黄昏市場
(利南) 15：00～
喜樹・黄金海岸

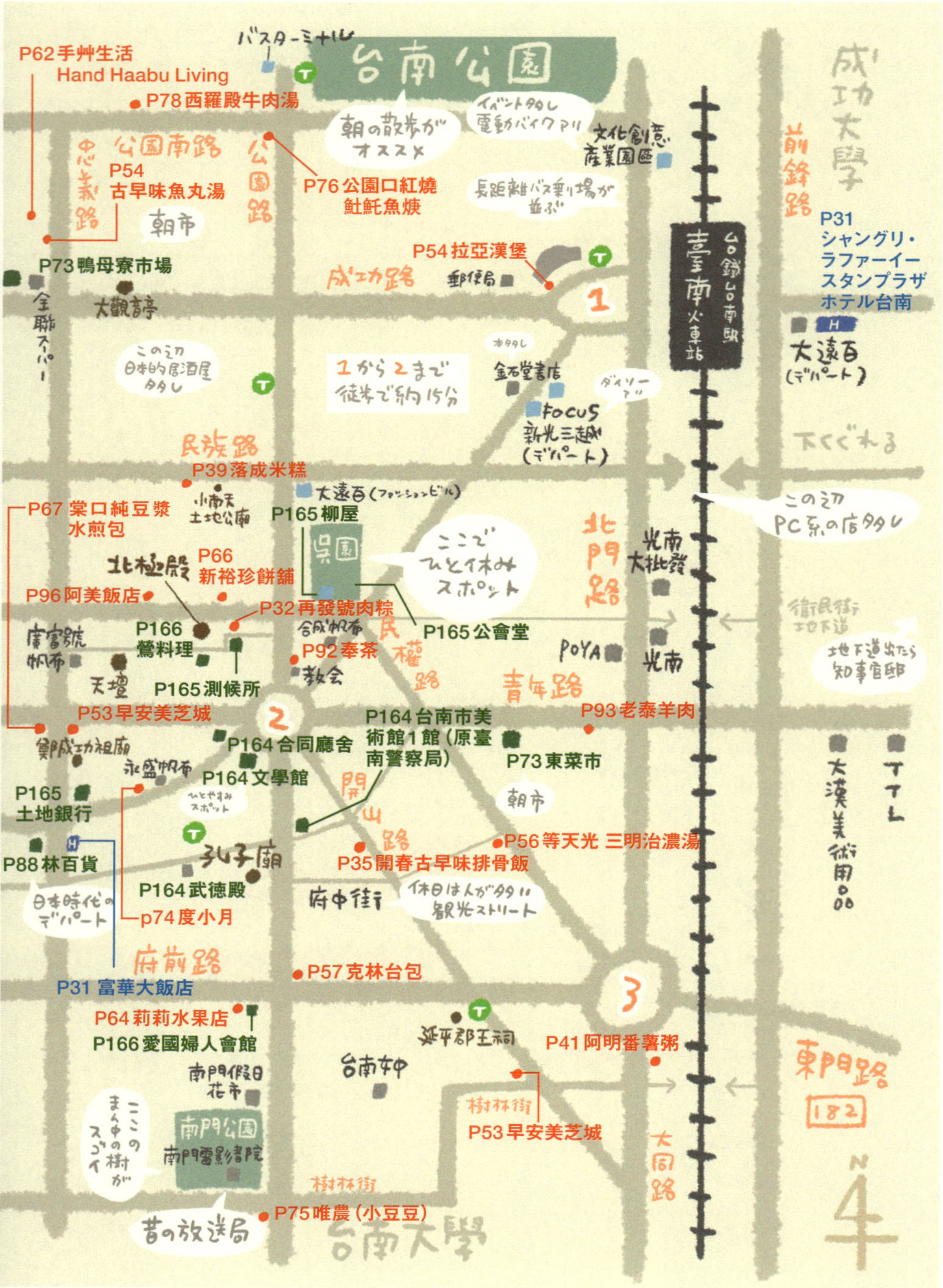

台南公園
バスターミナル
P62手艸生活
Hand Haabu Living
P78西羅殿牛肉湯
朝の散歩がオススメ
イベント多し
電動バイクアリ
文化創意
產業園區
公園南路
忠義路
公園路
P54
古早味魚丸湯
P76公園口紅燒
魠魠魚焿
長距離バス乗り場が並ぶ
朝市
台鐵台南駅
臺南火車站
前鋒路
成功大學
P31
シャングリ・
ラファーイー
スタンプラザ
ホテル台南
P54拉亞漢堡
P73鴨母寮市場
成功路
郵便局
1
全聯スーパー
大觀音亭
大遠百
(デパート)
この辺
日本的居酒屋
多し
1から2まで
徒歩で約15分
本多し
金石堂書店
ダイソーアリ
FOCUS
新光三越
(デパート)
下をくぐれる
民族路
P39落成米糕
小南天
土地公廟
大遠百(ファッションビル)
この辺
PC系の店多し
P67 棠口純豆漿
水煎包
P165柳屋
吳園
ここで
ひと休み
スポット
北門路
光南
大批發
北極殿
P66
新裕珍餅舖
P96阿美飯店
P32再發號肉粽
合成帆布
民權路
P165公會堂
衛民街
地下道
地下道出たら
知事官邸
廣富號
帆布
P166
鶯料理
P92奉茶
POYA
光南
天壇
P165測候所
教会
青年路
P53早安美芝城
2
P93老泰羊肉
P164台南市美
術館1館(原臺
南警察局)
鄭成功祖廟
P164合同廳舍
P73東菜市
永盛帆布
P164文學館
P165
土地銀行
ひとやすみ
スポット
開山路
朝市
大漢美術用品
TTL
孔子廟
P88林百貨
P56等天光 三明治濃湯
P35開春古早味排骨飯
日本時代の
デパート
P164武德殿
府中街
休日は人が多い
観光ストリート
p74度小月
府前路
P57克林台包
P31 富華大飯店
3
P64莉莉水果店
P166愛國婦人會館
延平郡王祠
P41阿明番薯粥
南門假日
花市
台南女中
東門路
182
樹林街
P53早安美芝城
ここのまん中の樹がスゴイ
南門公園
南門電影書院
大同路
樹林街
P75唯農(小豆豆)
昔の放送局
台南大學
N

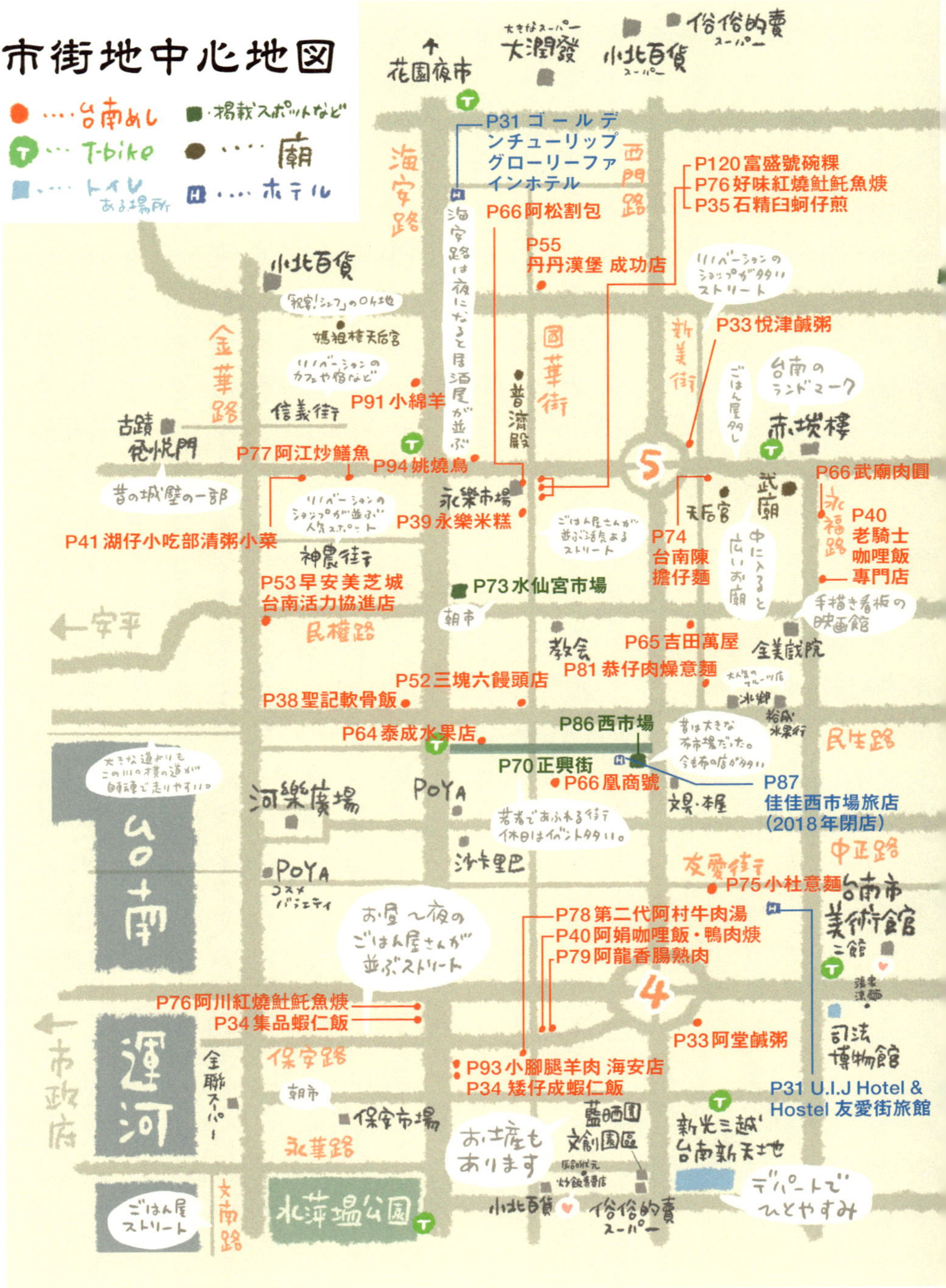
市街地中心地図
●…台南めし
■…掲載スポットなど
T…T-bike
●…廟
■…トイレある場所
H…ホテル
大きなスーパー 大潤發
小北百貨 スーパー
俗俗的賣 スーパー
花園夜市
P31 ゴールデンチューリップグローリーファインホテル
海安路
西門路
P120 富盛號碗粿
P76 好味紅燒魠魠魚焿
P35 石精臼蚵仔煎
P66 阿松割包
海安路は夜になると居酒屋が並ぶ
P55 丹丹漢堡 成功店
小北百貨
リノベーションのショップが多いストリート
「祝宴!シェフ」のロケ地
媽祖樓天后宮
金華路
國華街
新美街
P33 悦津鹹粥
リノベーションのカフェや宿など
ごはん屋多し
台南のランドマーク
P91 小綿羊
信義街
普濟殿
赤崁樓
古蹟 兌悅門
P77 阿江炒鱔魚
P94 姚燒鳥
5
P66 武廟肉圓
昔の城壁の一部
永樂市場
天后宮
武廟
リノベーションのショップが並ぶ人気スポット
P39 永樂米糕
ごはん屋さんが並ぶ活気あるストリート
P74 台南陳擔仔麵
中に入ると広いお廟
永福路
P40 老騎士咖哩飯專門店
P41 湖仔小吃部清粥小菜
神農街
P53 早安美芝城 台南活力協進店
P73 水仙宮市場
手描き看板の映画館
安平
朝市
民權路
教会
P65 吉田萬屋
全美戲院
P81 恭仔肉燥意麵
大人気のフルーツ店
P52 三塊六饅頭店
冰鄉
P38 聖記軟骨飯
裕成水果行
P86 西市場
昔は大きな布市場だった。今も布の店が多い
民生路
P64 泰成水果店
大きな道よりもこの川の横の道が自転車で走りやすい。
P70 正興街
P66 凰商號
P87 佳佳西市場旅店(2018年閉店)
河樂廣場
POYA
娯・本屋
若者であふれる街
休日はイベント多い。
台南
POYA コスメ バラエティ
沙卡里巴
中正路
友愛街
P75 小杜意麵
台南市美術館 二館
お昼〜夜のごはん屋さんが並ぶストリート
P78 第二代阿村牛肉湯
P40 阿娟咖哩飯・鴨肉焿
P79 阿龍香腸熟肉
4
張家涼麵
P76 阿川紅燒魠魠魚焿
P34 集品蝦仁飯
P33 阿堂鹹粥
司法博物館
市政府
運河
保安路
全聯スーパー
P93 小腳腿羊肉 海安店
P34 矮仔成蝦仁飯
P31 U.I.J Hotel & Hostel 友愛街旅館
朝市
保安市場
藍晒圖文創園區
新光三越 台南新天地
お土産もあります
阿財狀元炒飯專賣店
永華路
デパートでひとやすみ
ごはん屋ストリート
文南路
水萍塭公園
小北百貨
俗俗的賣 スーパー

88・99バスでまわる台南

台南にはかなりの数のバス路線があるが市街地近郊の有名な観光地を巡回するこの88・99バスがオススメ。平日と休日ではダイヤがかなり違うので乗り場でチェックすべし。

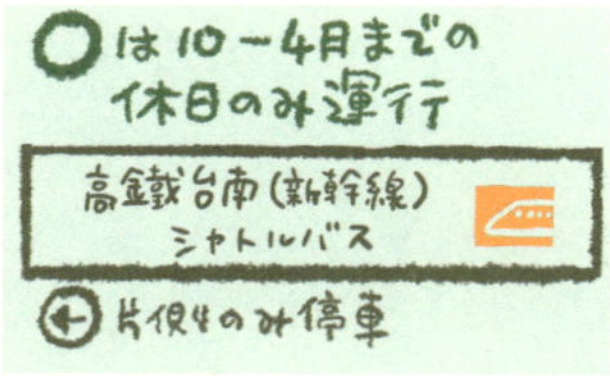
○は10～4月までの
休日のみ運行
高鐵台南(新幹線)
シャトルバス
←片側のみ停車

2020にできた
バスターミナル
台南
轉運站
台南公園は
ココ
88
99
成功路
台南站
北站
臺南火車站
88
99
南站
孔廟
台南美術館
文學館すぐ
孔廟
延平郡王祠
(府前路)
建興國中
(府前路)

2階建て観光バス運行開始

雙層巴士

塩コーヒーが美味い!
七股鹽山
大きなインフォメーションアリ。
台灣鹽博物館
龍山里
海寮碼頭
海寮紅樹林驛站
六孔管理站
インフォメーションあり。
黑面琵鷺生態展示館
キレイな展示館
黑面琵鷺賞鳥亭
クロツラヘラサギのシーズンはココで
この辺はもうすごい何もない所。
私がバイクで行く所。
縁むすび
LOVE
聖母廟
鹽山
鹿耳門橋
公園北路
マングローブのクルージングはココ
四草生態文化園區(大眾廟)
四草野生動物保護區
旅行者用観光バス
雙層巴士(2階建てバス)
台江の展示館もアリ
台江國家公園管理處
立人國小
觀夕平台
夕暮れ時はココ
觀夕平台
赤崁樓
大員皇冠假日酒店
人気の映えスポ
神農街
99
神農街
88
德記洋行
安平樹屋
海安路口
中正
安平漁人碼頭
中正商圈
赤崁樓
88
99
西門友愛街口
林百貨/鄭成功祖廟
台南のランドマーク
安平古堡
小西門
小西門(大億麗緻)
安平蚵灰窯文化館
永華站
大きな三越ナド
億載金城
延平街
林百貨
億載金城
高雄の興達港に行くバスあり
原住民文化會館

市街地の歩き方

台南はすごくコンパクトな街だ。台鉄台南駅から西へ歩いてわずか30分で安平運河に到着してしまう。市街地はだいたい2.5キロ四方に収まってしまう大きさだ。(大阪でいうと梅田から本町がだいたい2.5キロ)こんなコンパクトな街なので徒歩でも十分移動できる。大通りからちょっと入った路地裏は台南散歩の醍醐味だ。路地裏は住宅密集地になっていて人々の生活が垣間見られる。垣間見られるどころか家の中が丸見えすぎる。オッサンがテレビ見ながら腹出してダラーッと座ってて、たまに目が合うことがあり気まずい。

台湾各地をはじめ台南市街地では特に大通り沿いは建物の下を歩道として通ることができる

騎樓《チーロウ》（亭仔腳《台：ティンアカ》）と呼ばれる建築様式が多く、おかげで雨に濡れず歩くことができる。しかし歩道部分も各建物の所有物なので、それぞれの事情もあるのでしょう、高さが一定ではない。段差がありまくり、店舗がせり出しまくり、バイクや車が停まって通せんぼしている、なんてことによく遭遇する。正直けっこうなストレスになるが、その辺の「なんでやねん」感も楽しみたいところ。

　市街地にバスは何路線も走っているが、地図や地名が頭に入っていないと乗りこなすのはかなり難しい。GPS付いてるんちゃうかと言われるほど脳内MAPの精度の良さに定評のある私でもバスを把握するのにだいぶ時間がかかった。なので大きく移動することを考えると個人的には自転車移動をオススメしたいが危なそうで乗れないという声をよく聞く。研ぎ澄まされた注意力、危険察知能力、そして自由に走り回るバイクや車の波に怖じ気付かない強い勇気が必要だが、例えば交通量の多いロータリー（圓環）を避けたり、路地裏をのんびり走るなどすれば怖くはない。慣れるまでは自転車移動している地元民（主に学生）の後ろにコソッとついて走るのもいいかもしれない。

　台鉄の線路を越える場合、徒歩でも自転車でもバイクでも一番わかりやすいのは青年路の踏切だ。ここを通っておけば間違いない。徒歩の場合は衛民街の地下道がオススメ。エレベーターはなく階段のみだが地下道はアート空間になっていて、東側出入り口の目の前にはかつて昭和天皇が皇太子時代に宿泊されたという知事官邸がある（2020年3月現在閉鎖中）。自転車では府前路→東門路の自転車・バイク専用地下道がめちゃめちゃスリリング！坂になっているためかなりのスピードが出るので「ここでコケたら終わりやな」と思いながらいつも走っている。

市街地の宿のこと

市街地はそう大きくなく宿泊施設が集中しているのでP24～25の市街地中心地図内（主に中西區）であればどこでもそう不便ではない。2人で1ベッドという施設も多いので注意したいところ。湯船設置の施設はそう多くないが、ホテル予約サイトによっては検索条件に「バスタブ」項目があるので、自分に合ったホテル予約サイトを選ぼう。

民宿

オシャレなリノベーション民宿が大人気。世界的に流行しているａｉｒｂｎｂにもたくさん登録されているし、ホテル予約サイトに登録されているところも増えてきた。以前は中西區をはじめとする旧台南市地域での民宿経営は違法だったが、２０１６年から特区として一部地域では合法になり、合法民宿はどんどん増えてきている。気になる人は合法宿のみ掲載している台南市政府観光局「台南旅宿網」というサイトで調べてみるのもいい。

民宿の場合は古い建物を利用しているのでそれなりに不便なところはあるが、親切なオーナーさんも多く、オススメを教えてもらったりあちこち連れて行ってもらったという声もよく聞く。これも民宿の大きな魅力のひとつ。1日1組のみ受付タイプの宿（一軒家まるまる貸切）も多く、4人以上の旅だとこういうタイプの民宿に泊まるのもオススメ。

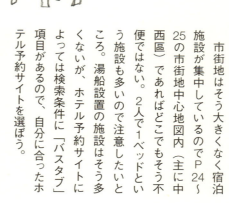

ホテル

安価で泊まれるホテルも多く、ホテル予約サイトで見ると1泊2000円台の部屋もあるが、5~6000円台のホテルが多い（基本的に1室2人設定）。古いホテルでも部屋は改装してきれいになっているところも最近は増えてきているので、ホテルの外観写真より部屋写真で判断した方が良い。ただしまだ改装していない部屋に当たることもあるらしい（兄談）。

友人と一緒に泊まる場合に困るのがトイレやシャワールームの扉や壁がガラスで透けていること。何のために!! デザイン優先するよりも実用性だろうよ！ と、そういう部屋に当たるたびに毎回思う（新しいホテルにその傾向が多い）。

U.I.J Hotel & Hostel 友愛街旅館 P25 は2018年にできた当時、地元民もざわついたほど注目のオシャレすぎる大型宿泊施設で、特にドミトリーは部屋自体が広く窓も大きいので閉塞感は全くない。公共スペースのキッチンや屋外テラスの開放感も気持ち良く、まだドミ未体験の人がドミデビューするならここをオススメしたい。

海安路にある**ゴールデンチューリップグローリーファインホテル** P25 は全客室のうち約半分には湯船がついてるので浸かりたい派にはありがたい。台南のランドマーク林百貨の向かいにある**富華大飯店** P24 は西向きの部屋だと林百貨が目の前に見えるナイスビュー。東區の新しいランドマーク**南紡購物中心** P22（旧南紡夢時代）にはホテルロイヤルグループの**老爺行旅** P22 が隣接している。台鉄台南駅の裏側（後站）すぐにある**シャングリ・ラファーイースタンプラザホテル台南** P24 は世界各地にあるシャングリラホテルの中で一番お手頃価格だそう。他の5つ星ホテルも思ってるよりお手頃価格で泊まれるので、台南で高級ホテル体験するのもアリ。

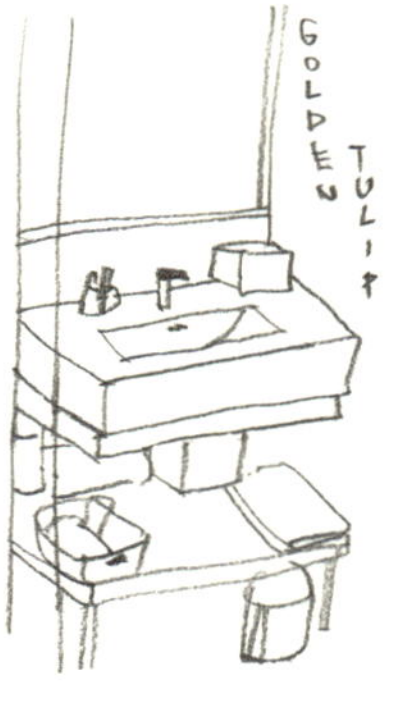

再《ザイ》發《ファー》號《ハオ》肉《ロウ》粽《ゾン》
台南で超有名なちまき屋さん。
台湾内なら宅急便でも買うことができます。
これは崩して食べてる最中
元はこんな形。テトラポットのよう。大きくてびっくりしまっせ。
具の多さに圧倒…
それぞれの食感が違って面白い!!
いちばん上等なちまきをいっときました。
特《トゥー》級《ジー》海《ハイ》鮮《シェン》八《バー》寶《バオ》肉《ロウ》粽《ゾン》
150元
鮑魚
干貝
高級香菇
魷魚
扁魚酥
櫻花蝦
蛋黃
栗子
瘦肉
肉燥
上等長糯米
一人一個でももちろんだけどかなり大きいのでシェアしてつまんでも楽しい。
これを使いこなしたいけど…
甘タレをかけて召しあがれ
酢はスープ用
酢
なんと1872年からのお店です。
百年肉粽の深い味わい。
いっしょにいただいたスープ
エビ団子がニンニクが効いてうまい。
エエわーやすらぐわー
蝦《シャー》丸《ワン》湯《タン》

お店情報

再發號肉粽 P24 中西區民權路二段71號、10時～20時、老舗のちまきのお店。50元、100元、150元の3種あり。どうせならゴージャスなのを。

蝦仁飯《シャーレンファン》
たくあんドーン
ちょい甘めのお味のごはん
エビ、タマネギなど。
揚げパン
油條《ヨウティアオ》
綜合に入ってるのにたのんでしもた
これぞ台南の味
サバヒーの皮のスープ。
魚皮湯《ユーピータン》
見ためとはウラハラに魚のヤな味もなく皮にちょい身がついててこれがウマイ。
エエアンバイの塩味でほんのりダシ美味し
けっこうサバヒーの脂ういてる。
フライドニンニク
ネギ
ショウガ
皮はタレにつけて食べてもヨシ
うすい醤油
量多い……
スープや粥にほうりこんでいただきまーす。すぐ柔らかくなるよ。これがまた香ばしい……
綜合鹹粥《ゾンハーシェンゾウ》
全部入りのお粥という意味。なんとなくわかるでしょ。
このお味そら並ぶわ…
これもエエ塩味がついてて魚の身、皮（サバヒー＆サワラ）カキ、油條、ネギなど、色々入っている。
阿堂鹹粥《アタンシェンゾウ》
この大きな看板が目印
台南の朝ごはんの超有名店
早起きして並ぶの覚悟でトライ!!

お店情報

阿堂鹹粥 P25 中西區西門路一段728號、**悦津鹹粥** P25 中西區西門路二段332號、**阿星鹹粥** P23 中西區民族路三段289號、など。午前中営業（悦津は24時間営業）。いわゆる粥ではなくスープご飯。阿星は色々入った綜合はない。

蝦《シャー》仁《レン》飯《ファン》
このお店は「矮仔成蝦仁飯」
エビ、ネギ
甘い汁が
かかっていて
濃くてウマイ！
エビがぎょうさん
のってるので
テンションが上がる。
しかしあんまり
エビのダシの
味はしないな。
肉《ロウ》絲《スー》飯《ファン》
細切りの
豚肉と
玉ねぎ
ルーローハンとは違う
いわゆる豚丼。
しかし日本の味とは
香りからして異なるのでご賞味アレ。
湯青菜《タンチンツァイ》
この時は
レタスみたいなん
人気の店は人が多く、そしてやはりウマイ。

お店情報

矮仔成蝦仁飯 P25 中西區海安路一段66號、**集品蝦仁飯** P25 中西區海安路一段107號など。この2軒は近いので食べ比べをするのもアリ。集品の方がしっとりしている。

この店は蚵仔煎(カキオムレ)も有名よ。
お客さんとしゃべってる
香《シャン》菇《ガー》飯《ファン》湯《タン》
80元
ごっつしいたけの味のスープにごはん入っててサラッといける
エビ タケノコ 豚肉など。しいたけはめちゃ甘く煮込まれてる。
このおじいちゃんがこっちが恐縮するほどものすごくおじぎをしていただいた。すごいやさしい。
本店空間狭小
人手不足
外帯垃圾
請自行帯走
謝謝您
このお店は「石精臼蚵仔煎」
でかいごはんジャー
しいたけ
ネギ
エビ
タレ
スープ
プロパンガス
テイクアウト
魚丸(つみれ)
あげたやつ

お店情報　**石精臼蚵仔煎** P25　中西區國華街三段182號、7時半〜19時、**開春古早味排骨飯** P24　中西區開山路64號、など。イラストの店の蚵仔煎（台：オアゼン）もオススメなのでー緒にぜひ。

久昌飯店《ジョウチャンファンディエン》
芥蘭菜《ジェランツァイ》
シャキシャキして
軽くニンニク塩味。前菜として
最高の
一皿。
煎魚肚《ジェンユゥドゥ》
これが強烈やった。
サバヒーの
ハラの部分。
これがすんごい脂で
かろうじて残ってる
身の部分を
ちょこちょこ
つまんでた。
やはり脂部分はキツイ。
これみんな普通に
食べてるのだろうか。
この脂身の下に
少し身があって
それをいただいた。
脂っぽい風味で
ちょい
干しエビの
香り。
干しエビ
玉子が
入ってる。
蝦米飯《シャーミーファン》
炒花枝《チャオホアジー》
セロリの茎がしっかりしてる。
イカとセロリの炒めもん。
イカの部位が色々入ってて
食感が面白い。
お茶ちょい甘い。
豬肝湯《ジュウガンタン》
ちょい豚レバーの
クセアリ。
ホウレンソウと
豚レバーの
スープ。
塩味。
味はしっかりしてる。
蔥蛋《ツォンダン》
ちょい
油多めの
ネギの玉子焼き。
タレはよくある
甘いタレではなかった。
全体的に
薄味ではなく、しっかり
味がしていた。
台南も店によって
色々みたい
香菇肉飯《シャングウロウファン》
上の具材は
まあまあ
濃い目の味。
シイタケが
味がしみていて
ウマし。
肉はちょいカタいけど
これも良い味が
しみている。
下は白ごはん。

お店情報

久昌飯店 P22 東區長榮路三段66巷11號、11時半～14時半/17時半～21時半。成功大學生にとっては青春の味な町の食堂。蝦米飯とおかず数品で、というのが定番スタイル。

お店情報

長春健康素食 民族店 P23 中西區民族路三段274號、ほか大同店や金華店など台南に計10店舗あり。素食なのでいくら食べてもヘルシーかもという錯覚に陥りそうになる。

このお店は
聖記軟骨飯
豚肉の軟骨とその回りのお肉を
トロトロに煮込んでご飯の上にドーン
軟骨部分 ほぼゼラチン トロトロ。
もやし
お肉もホロホロ これはウマイ!!
軟《ルワン》骨《グウ》飯《ファン》
「大」にしたけど余裕でした。
台湾のタケノコ
澄んだスープ。ゴマ油が効いてる
麻《マー》油《ヨウ》豬《ジュー》心《シン》湯《タン》
煮込んだ揚げさん&玉子
オプションにどうぞ。
つけて食べてもGOOD
濃いしょうゆ
豚のハートがたくさん入ってる
きざみショウガもね。

お店情報

聖記軟骨飯 P25　中西區民生路二段110號、11時〜21時、㊡第2第4日曜。隣の意麵屋も人気店なのでハシゴもアリ。チェーン展開している禾記嫩骨飯は台南に計5店舗あり。

表面には店主のカワイイ似顔絵キャラ
お弁当でも店内でいただいても。
今回はお持ち帰り
このお店
落《ルオ》成《チェン》米《ミイ》糕《ガオ》
パッサパサの酢漬けのキューリの漬けモン
あひるのたまご煮込み
たっぷりの豚肉煮込みの下にはピーナッツがのってる餅米
ろうそんギッシリ
ちまきを弁当にしたようなモノ
ちなみに「大」を頼みました。
見た目は小さいけどおもっきり詰まってるので満足
店先でグッツグッと煮込まれている玉子とか肉とか。
このビジュアルで腹めっちゃ鳴る。
コクのあるモツ
塩味と豚の味が効いててウマイ
ヤな味は全くしない。ウマイなあ。
四《スー》神《シェン》豬《ジュー》肚《ドゥ》湯《タン》
この鍋ごと日本持って帰りたい。
エエ香り…
豚の腸と肚のスープ
かわいい紙パック

お店情報

落成米糕 P24 中西區民族路二段241號、11時～19時(売り切れ次第終了)、㊡不定。永樂米糕 P25 中西區國華街三段171號、8時40分～午後売り切れ次第終了、㊡水曜。

台湾に来たら、カレーもオススメ!!
咖《カ》哩《レー》飯《ファン》
このお店は
老騎士
咖哩飯専門店
なつかしい日本の味がするカレーはまだ台南にアリマス
日本ではもうなかなかない味
スープもね
たくあん
ヤマサキ兄以上の世代にはたまらん味のカレー。
カレーの操縦席のようカッコイイ
店によって色々ですが....
ゴマトッピング
ステキなスプーン
カレー各種
福神漬ではなくて甘い昆布
カレー黄色め
これが良い。
トッピング
タマゴなどなど
人の家で食べてる感がまた良い。
台湾のカレー屋さんもチラホラとニューウェーブの兆しを感じるけれど、できればトラディショナルなお店も残ってほしい!!
店によっては
自分でスープを入れたり
お米をおかわりしたり。
お土産としてスーパーでカレールーを買って帰るのもアリ

お店情報

老騎士咖哩飯専門店 P25 中西區永福路二段180號、**阿娟咖哩飯・鴨肉焿** P25 中西區保安路36號、など。見慣れたメニューも所変われば味変わる。台湾ではカレーは日本の食べ物として定着してる。

何を食べたら良いのか
わからんようになった時。
胃がそんなに元気では
ない時の
オススメめし
なんか特に別に……
そんな時は！
お粥屋さんに
行こう!!
日本の「お粥」とはちょっと違う。
鶏のおかず的なん
あっさりしたモンから濃いモンまでお好きにどうぞ。
白いお粥や芋粥
ししとうの煮込んだの
おかずを乗っける
ユバの甘く煮たの
味の変化を楽しめる。
色々食べた割には
「粥だから」で
あっさりしてて
気分的にも
大満足。
茹でたり炒めたりの野菜とか
フライドエッグ
持ち込みドリンク
選び切れんほど
おかずの
種類は多い。
たいてい指して
皿に盛ってもらう。
2人以上で行きたいお店
このお店は
「湖仔小吃部 清粥小菜」

お店情報

湖仔小吃部清粥小菜 P25 中西區民族路三段141號、**阿明番薯粥** P24 東區大同路一段47號、など。 夕方から24時頃まで営業。軽くと思っててもおかず取りすぎて結局お腹いっぱいになるパターン。

ハナサンポ

市街地にはたくさんのみどころがある中で、特にオススメの散歩コースをセレクト

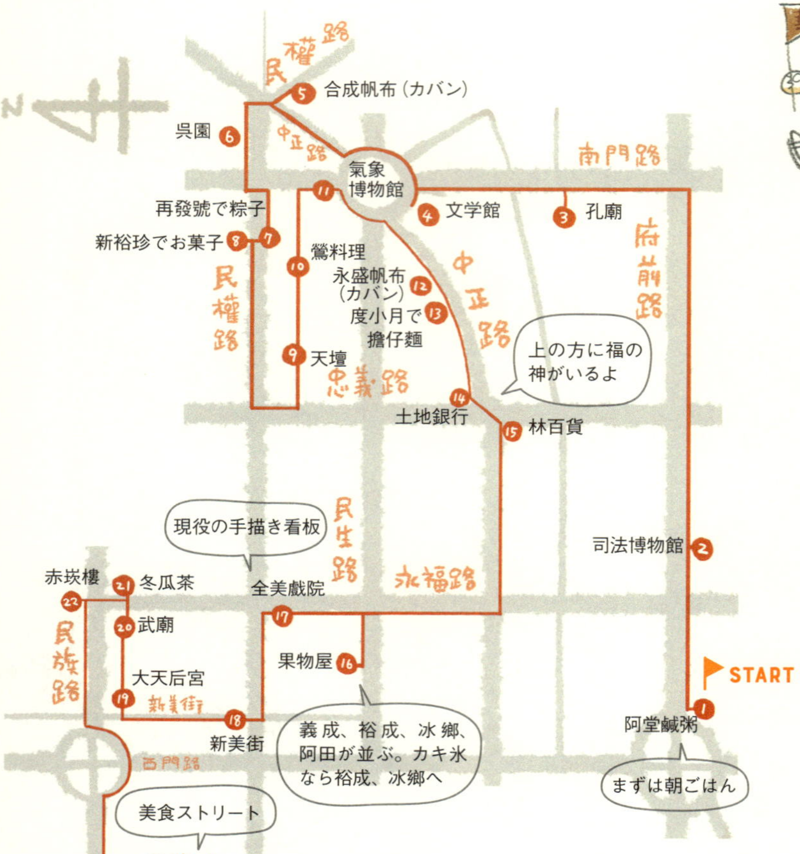

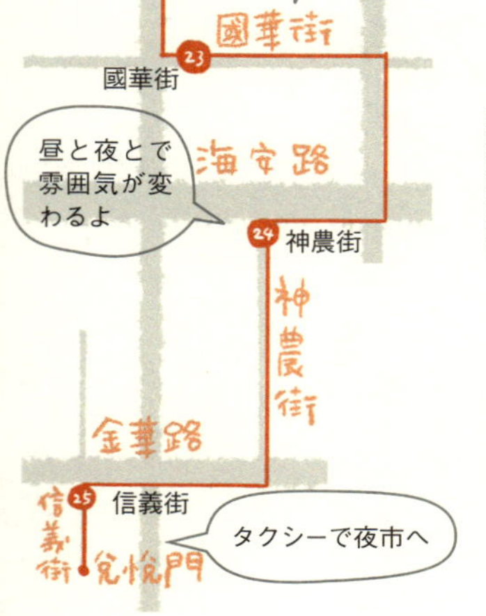

初めての台南だけど
1日しか時間がない人向けの丸1日ツアー
府城1日ツアー

とにかく時間が1日しかないんやー！　という時の、台南のみどころをこれでもか！　と詰め込んだこのルート。「府城（フーチェン）」とは昔の市街地中心部の呼び名。実際に徒歩で全行程はめちゃめちゃ疲れるので、興味あるところをこの中からいくつかチョイスするか、全行程なら自転車をオススメします。

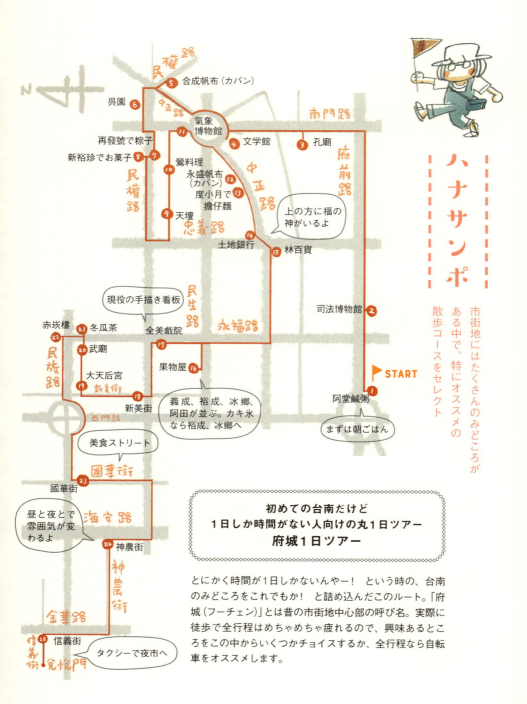

約1時間半

緑を感じながらのんびり
成功大學エリアルート

小西門の南側の横断歩道から成功校區へ入り、大きな建物を過ぎて右折したら公園のような道がステキ。圖書部ではお土産などを販売していたが2018年11月に閉店。大學路18巷と22巷はカフェがいくつかアリ。

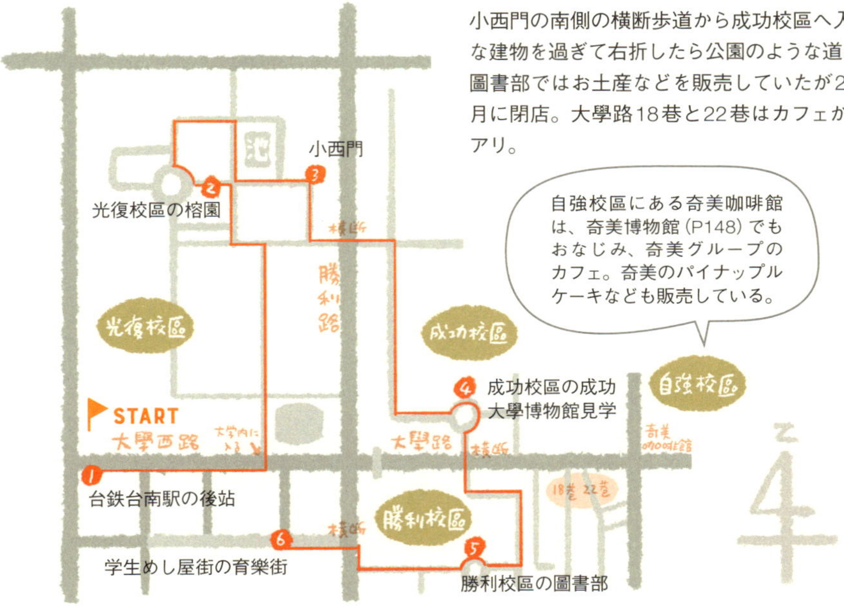

自強校區にある奇美咖啡館は、奇美博物館（P148）でもおなじみ、奇美グループのカフェ。奇美のパイナップルケーキなども販売している。
池
小西門
3
2
光復校區の榕園
横断
勝利路
光復校區
成功校區
自強校區
4
成功校區の成功大學博物館見学
START
大學西路
大学内に入る
大學路
横断
奇美咖啡館
N
1
台鉄台南駅の後站
18巷 22巷
横断
勝利校區
6
5
学生めし屋街の育樂街
勝利校區の圖書部

台南散歩の醍醐味
路地裏ブラブラ

路地裏はブラブラすることに意義がある！ 自分で色んな発見をするのが楽しい。林百貨のあるブロックは様仔林と呼ばれるエリア。中正路の北側、永福路と西門路の間のブロックは蝸牛巷と言い、よく見ると路地のあちこちに作り物のカタツムリ（蝸牛）がいる。

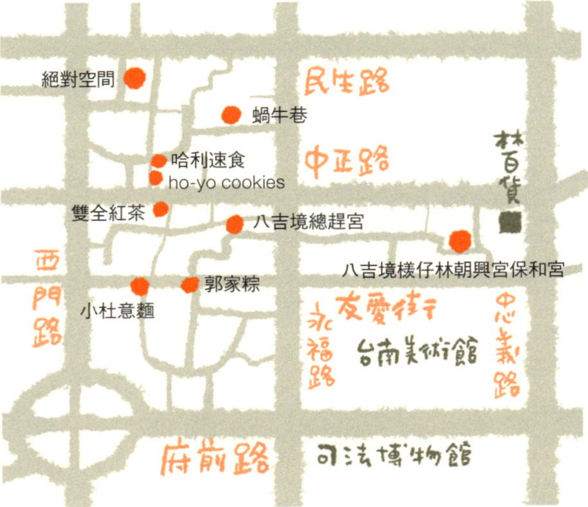

絶對空間
民生路
蝸牛巷
哈利速食
ho-yo cookies
中正路
林百貨
雙全紅茶
八吉境總趕宮
八吉境様仔林朝興宮保和宮
西門路
郭家粽
小杜意麵
友愛街
永福路
台南美術館
忠義路
府前路
司法博物館

散歩

中心地の有名な見ドコロは、台南駅からほぼ歩いて行ける。
台南
ぷらぷら見るのが楽しい街です
特に駅の西側に集中。東側は成功大学の区。
なるべく日差しをよけつつ
ビルの下をあるく!
このスケールもまた台南の魅力。
ヨユー!
1日でも相当色々回れます。
買い食いなんかをしながら…
ちょっと路地裏に入ったりするとけっこうな
フォトジェニックなシーンに出合うことも多い。

大通り、特に台南駅から南へ北門路や中山路は色んなお店があるのでブラブラするには楽しいが、歩道にあたる部分がとにかく歩きづらい。単なる移動のため、特にスーツケースを持っている時は潔くタクシーを利用しよう。

気ままに歩いてたら
思わぬ発見が楽しい街。
かなりのフォトジェニ
優果餅（旭峯號）
築80年のお店をリノベーション
エライ雰囲気あるなー
野外での大宴会に
出くわしたり
めっちゃウマソー
神様のショーや
人形劇などやってたり
台南はお廟が多く、
これも大きな
見ドコロの1つ。

辦桌（台湾語：バンド）と呼ばれる野外宴会は、よくお廟のイベント時に道路を封鎖して行われている。結婚式（流水席＜中国語：リョウシュェイシー＞）や忘年会（尾牙＜中国語：ウェイヤー＞）も同じように行われることがある。賑やかでワイワイと楽しそう。

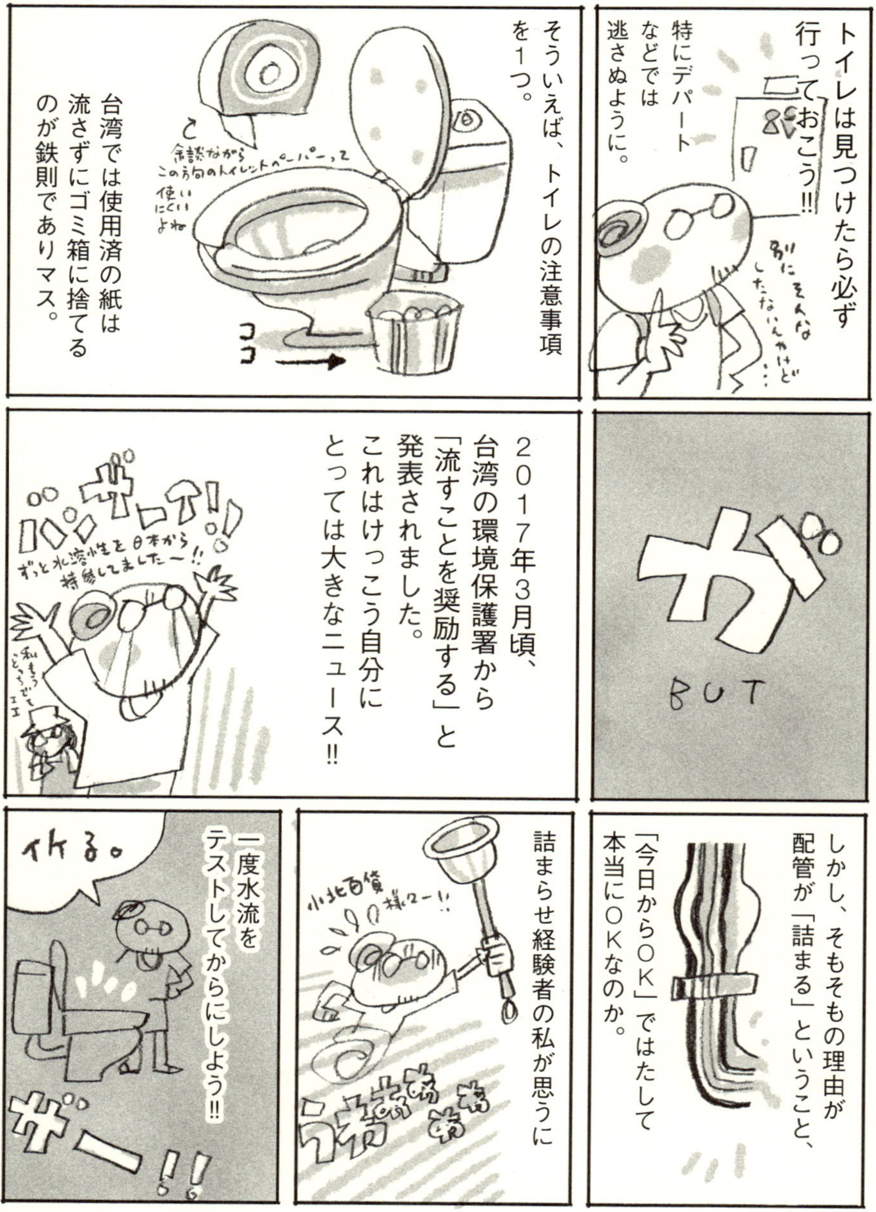
トイレは見つけたら必ず行っておこう!!
特にデパートなどでは逃さぬように。
別にそんなしたないんかけど…
そういえば、トイレの注意事項を1つ。
台湾では使用済の紙は流さずにゴミ箱に捨てるのが鉄則でありマス。
余談ながらこの方向のトイレットペーパーって使いにくいよね
ココ
が
BUT
2017年3月頃、台湾の環境保護署から「流すことを奨励する」と発表されました。
これはけっこう自分にとっては大きなニュース!!
ずっと水溶性を日本から持参してました〜!!
私もうどっちでもエエ
しかし、そもそもの理由が配管が「詰まる」ということ、
「今日から○K」ではたして本当に○Kなのか。
詰まらせ経験者の私が思うに
小北百貨様ヘー!!
一度水流をテストしてからにしよう!!
作る。
ザー!!

水に溶けやすい紙、溶けにくい紙、流れやすい配管、流れにくい配管があるようで、どこででもどういう状況でも流していいとは一概には言えない様子。百貨店や公衆トイレでは日本に比べると和式率が高い。台鐵車内の和式便器は金属製でピカピカしててビックリした。

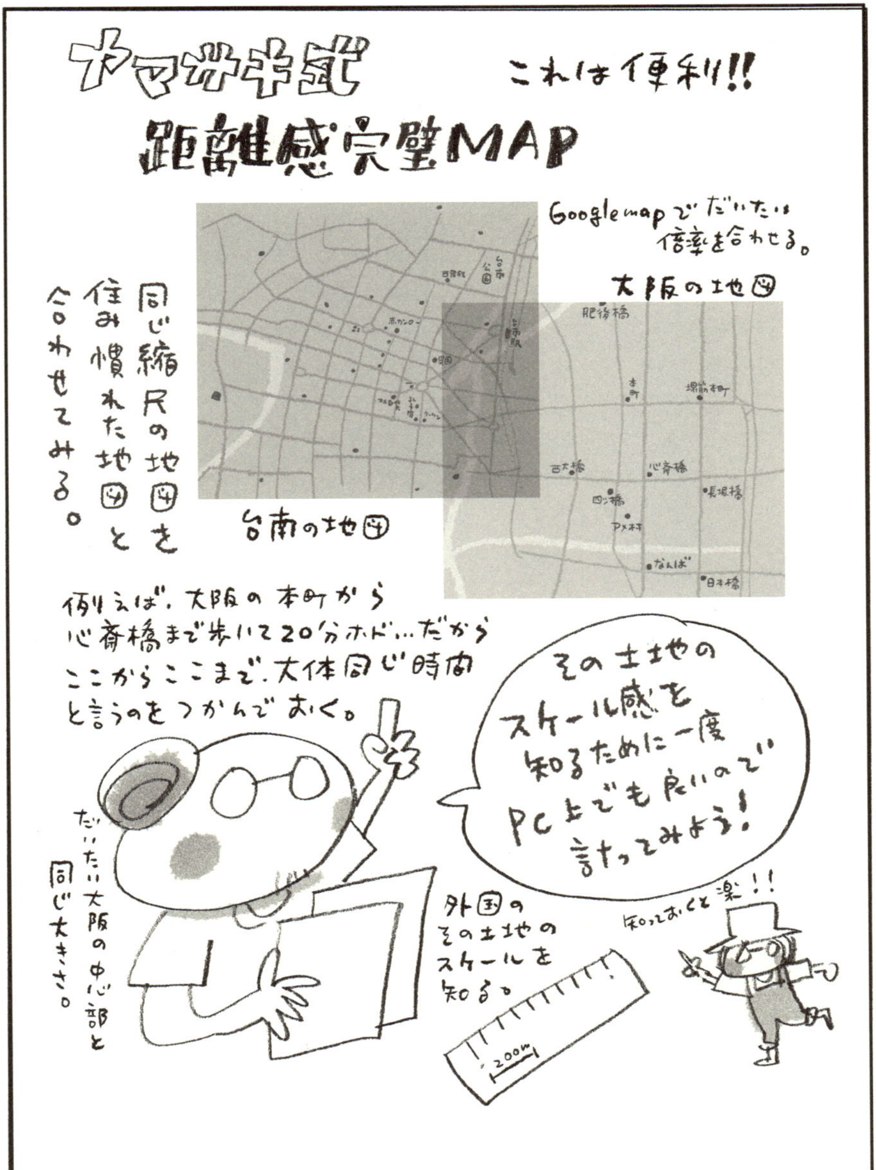
ヤマザキ式
距離感完璧MAP
これは便利!!
Googlemapでだいたい倍率を合わせる。
同じ縮尺の地図を住み慣れた地図と合わせてみる。
大阪の地図
肥後橋
本町
堺筋本町
西大橋
心斎橋
長堀橋
四ツ橋
アメ村
なんば
日本橋
台南の地図
例えば、大阪の本町から心斎橋まで歩いて20分ホド…だからここからここまで、大体同じ時間と言うのをつかんでおく。
その土地のスケール感を知るために一度PC上でも良いので計ってみよう!
だいたい大阪の中心部と同じ大きさ。
外国のその土地のスケールを知る。
200m
知っておくと楽!!

Google Mapの「ルート」を使うとおおよその距離と徒歩時間が出るので事前にチェックしておこう。東西に走る民族路・民権路・民生路は名前がよく似ているので要注意。ロータリー(圓環＜中国語：ユェンホワン＞)は信号の関係で反対側へ行くのに意外と時間食う。

友人たち

台南の人々は
私自身困ってたら助けてもらったこともかなり多くあり
バスののり場がココで良いのか……
どうしたの？
たまたま通りかかった人
けっこう積極的に親切な人が多いと思う。
連れてったるわー
Thanks!
そしてよく集まる。
夜ごはんは友人らみんなで食べることが多く、友達の友達が来たりもするので輪が広がりやすい。
「余談」
そしてかなり暑い日でも鍋が多い。

特に一緒にご飯を食べに行くと「アレも食べ、コレも食べ」と色々勧めてくれます。日本とは文化が違い残してもOKなので、ちょっと気が引けるけど無理をして食べ切らなくて大丈夫。全部平らげようとするとエライ目に合うよ（何度も合ってる食い意地の張った兄妹）。

カップルを見てると日本では
あ、ココ段差だよ気をつけて!!
まずないホドに男性が女性にやさしい。
人によるやろけど
家族に混じって友人や恋人と過ごしたりするのもよくある光景。
そういえば…バレンタインの日に学校の前で花を持って待ってる男子を見た。
花屋のバイトやないよね
日本よりかなり欧米的な気がするよね
ウーむ。。
と思ったらけっこう今でも年功序列がハッキリとしてたりする。
エビ釣り屋でベロベロのちょいイカツめのオっちゃんがものすご親切にエサのつけかたを教えてくれたのもなんだかオモシロイ。
たとえばごはん屋のちょい恐そうなオバちゃんでも、しゃべってみたら笑顔になるのは台湾の魅力の1つ。
また余談になるがエビ釣りはなかなか釣れない。
ベテランはマイ釣竿持参

「このクソ暑いのによくそんなけくっついてられるな」というベタベタカップルはけっこう多く、バイク二人乗りでもベッタリしている。日本だと「バイクの後ろに乗せるのは特別な人」というイメージがあるけど台湾ではバイクは生活の一部なのでそこまで特別感はない。

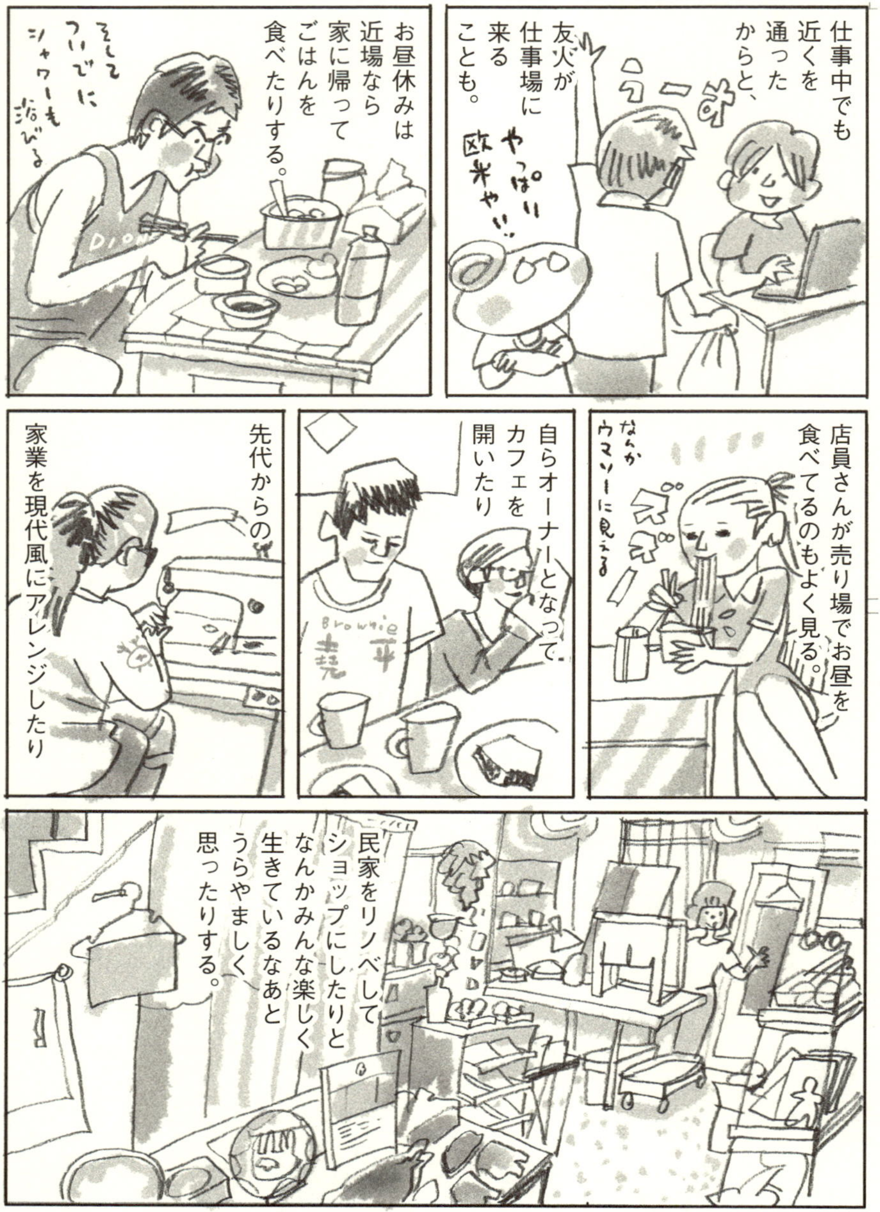
仕事中でも近くを通ったからと、
友人が仕事場に来ることも。
ラーオ
やっぱり欧米や!!
お昼休みは近場なら家に帰ってごはんを食べたりする。
そしてついでにシャワーも浴びる
店員さんが売り場でお昼を食べてるのもよく見る。
ズズ
なんかウマソーに見える
自らオーナーとなってカフェを開いたり
先代からの家業を現代風にアレンジしたり
民家をリノベしてショップにしたりとなんかみんな楽しく生きているなあとうらやましく思ったりする。

自分のやりたいことをしたいから、夢を叶えたいから、と台南へ移住してくる若者も多い。自営じゃなくお勤めに行っててもけっこうラフな格好で出勤したり、お客さんから見える場所でご飯食べてたり自由度が高い。日本ももうちょっとユルくなってもいいのになと思う。

清明節の潤餅
季節ごとの行事なども友人らで楽しんで行なっており
春巻を作る。これがまたウマイ
臺南市
（ドラゴンボートレース）
國際龍舟錦標賽
毎回台南に行くたびに何かオモシロイことをやっている。
市街地もそんなに広くはなく人が集まるポイントも限られてくるので、無理せずとも出会いも多い。
そして知り合いができるとさらに偶然のばったりの機会も多くなり
あら!! 山崎哥哥!!
安平でライブやってるけど行く?
そら行くがな!!
南吼音樂季
そんないきなりの予定が入るのも台南のオモシロイところ。

季節ごとの行事は旧暦（農暦）進行がほとんどで、毎年新暦での日にちが変わるので要注意。台南に友達が1人できると、そこからどんどん輪が広がって、今までとは違う角度から台南を見れたり知れたりすることも多い。人が人を呼び繋がっていくのもこの街の魅力。

麻豆《マードウ》
包《バオ》師《シー》傅《フー》手工《ショウゴン》饅頭《マントウ》

色々な種類の饅頭があって
選びきれん!!

どれも
これも
ウマソー
やなあ
‥‥

白《バイ》饅《マン》頭《トウ》

プレーン味
かすかに甘く
なんにでも合う味
マヨネーズをつけて
いただきたい。

このフワフワモチモチ感!!

モチモチの
豚まんの
皮のような食感

中に色々入ってるのもありました。

バスの中で無意識に
つまんでたらキレイになくなった。

黒糖が練り込んであり
レーズン・ナッツが
入っている。ほんのり
甘くて
なんぼでも
食べて
しまう。

デザート
的に
行くのか
ごはん的に
行くのか。

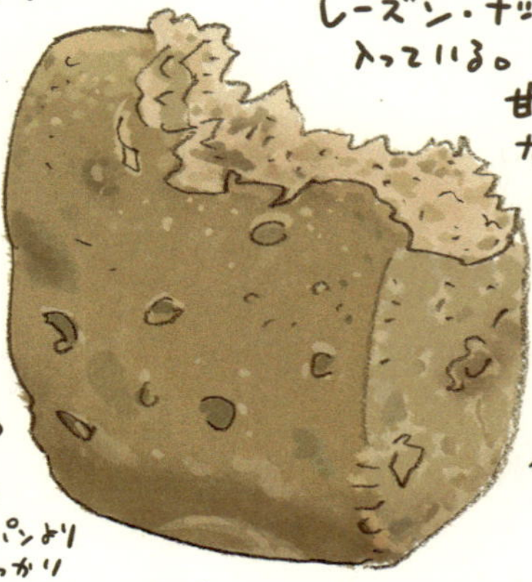

黒《ヘイ》糖《タン》堅《ジェン》果《グオ》饅《マン》頭《トウ》

日本の
蒸しパンより
しっかり
してます。
マンジュウ
とも
違います。

饅頭は
台湾全土で
いただけるので
見つけたら
チャレンジ
して
みよう

ねぎが
入っており
若干スパイシー
絶対にラーメンに合う。
これもかなりウマイ。

蔥《ツォン》花《ホア》捲《ジュエン》

どれが一番
好きなのか
決め切れんかった。
他の種類も同じく
どれもこれも
ウマイんだろう。

お店情報 包師傅手工饅頭 P136 麻豆區中山路157-6號、三塊六饅頭店 P25 中西區民生路二段52號など。台南に限らず台湾全土でマントウは食べられるが台南中心地は意外と専門店が少ない。

早餐《ザオツァン》 朝食

蛋餅《ダンビン》

台湾的朝めし

皮+卵+チーズ+皮の
二層蛋餅(だんぴん)
ソースが別袋で
甘いのと
甘辛いのと2種ついてた。
チェダーチーズで、洋風だが
甘ソースで一気に台湾の味。

漢堡《ハンバオ》(ハンバーガー)

パンが柔らかい。
レタス
トマト
たまご
牛肉パティ
甘い台湾マヨネーズ
↑
ハンバーガーならアリ。

台湾はハンバーガーが
意外にも多く、日本人でも
おなじみな味で、安心する。
肉(パティ)を甘ソースで
絡めてるのが多いので
全体的に
味は甘い。

貝果《ベイグォ》(ベーグル)

ベーグル
ブルーベリージャム

日本のよりも固くないかんじ
クリームチーズが入ってたら更に美味いハズ。
お店によっていろいろ。

豆漿《ドウジャン》(豆乳)

台湾の朝めしは牛乳より豆乳がメジャー
甘いのをいただく。

お店情報
早安美芝城 台南活力協進店 P25 中西區金華路四段64號、成功大學周辺の朝ごはん屋台など。
この店に限らずこのようなメニューを出す朝ごはん屋はチェーン店、個人店などたくさんある。

早餐《ザオツァン》

朝食

飯糰《ファントゥアン》

色々な具がいっぱい入ってて、
食感がすさまじいおにぎり。

店によって、微妙に具が
違うので、みんな好みの
お店を持ってるみたい。
ボロボロ崩れるので、
握りながらいただく。

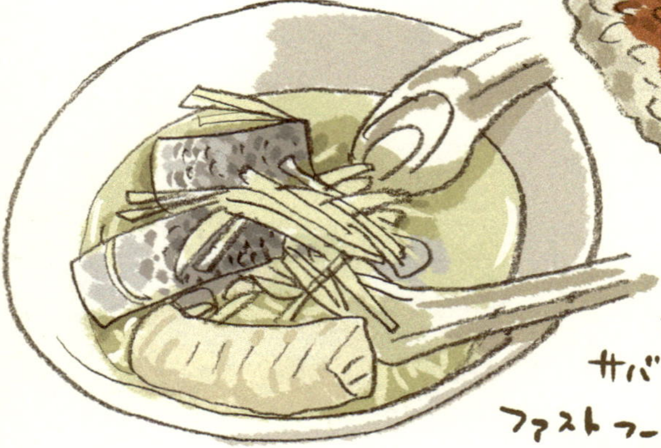

スープ各種

トラディショナルで
攻めるなら、台南名物
サバヒーを使ったスープなど。
ファストフード店に行けば、洋風の
ものもたくさん
アリ。

変わり種バーガー

パティの変わりに
焼肉やら他の
色々なモノになってたり
バンズが
メロンパンだったり。
カロリーすごそう……

お店情報　飯糰は成功大學周りに朝だけ出るトラック屋台など、トラディショナル系は**古早味魚丸湯** P24 ⓓ中西區忠義路三段27號など、メロンパンバーガーは**拉亞漢堡** P24（台湾全土にあるチェーン店）。

丹丹漢堡《ダンダン ハン バオ》
南台湾名物 ファストフード
マクドとケンタッキーを足したようなバーガー。 ハンバーガーは基本3種しかない。
鮮脆雞腿堡《シェンツェイ ジー トゥェイバオ》
なんか忘れたけど たぶん コーラか なんか
若者ばかりのお店
レタス
チェダーチーズ
フライドチキン
BBQ的ソース
齧ってる最中です。
フライドチキンのハンバーガー
辛い味にした。
鶏肉のボリュームがハンパなくすごい。そしてジューシーでめっちゃウマイ。
台湾は鶏がウマイ。
これはまた訪れた際にはいただきたい。
麺線(そうめん)が入ってるのでレンゲでめちゃくちゃ取りにくい。
台湾の人はこれでOKなのか?
スープには麺線・パクチー・つみれのフライみたいなん入っている。
麵線焿《ミェンシェン グン》
にんにく風味が効いたトロミの甘いスープ。なかなかにウマイ。
しかし ひたすら熱い。冷めへん。
麵線焿
豬排堡《ジュー パイ バオ》
肉の味、なんかにめっちゃ似てると思ったらハナコが「珍味のマグロの四角いチューブの味」と言い当ててふに落ちる。
豚肉をフライにした(タツタのような)お肉
蕃茄醬
丹丹漢堡
フライドポテト用のケチャップ
薯條《シューティアオ》
いわゆるフライドポテト。
しかしサツマイモ。
歯ごたえやわらかでコレはコレでアリ。
ケチャップもエエけど塩とかウマそう。
レタス
BBQ的ソース
ポークのフライのハンバーグ

台南めし　ファストフード

お店情報

丹丹漢堡 成功店 P25 北區成功路380號、**安平店** P100 安平區平豐路389號など。
台南郊外や高雄にもあり鶏が美味い！ ヤングに大人気、南台湾限定のハンバーガーチェーン店。

等天光 三明治濃湯 P24 中西區民權路一段161號、18時〜24時、㊡月。夜に開いてる露店のバーのような店。サバヒーバーガーは必食。惜しくも2018年3月に一旦閉店となりました。復活する日が待ち遠しい!

お店情報

台南の老舗饅頭屋さん
克林《クーリン》台《タイ》包《バオ》に
見学に来ました一
① 餡の具材を刻んでます。
これはシイタケをずっと切っている。
ものすごい量を手作業で。
店頭のこの子が目印！
②へ
おなじみの交差点
場所は孔子廟のすぐ近く。台南市街地の中心部分でーす。
克林台包
② 皮を練って伸ばす。昔からのやり方。
見てる分にはめちゃ簡単そうだけど、たぶんかなりムズカシそう……
③ 具材(餡)を包む
若いんらがホイホイと包んでやく。
これもまたムズカシそう……
こんな感じでギュッっと閉じる
色んな具がいっぱい！
種類によっては卵黄をぬったりなど
④ そして蒸される。
できあがり
八寶肉包《バーバオロウバオ》
アツ アツ
名物
林百貨verもある
HAYASHI
ハヤシ百貨店
おみ産にも良い「膨餅《ポンピン》」も作っているのでチェック！
生地
平たく
焼くとボールのように膨らむ
膨餅はこれで完成
アイスとか入れたりする。ウマイこれ。
克林アレンジ

克林台包 P24 中西區府前路一段218號、8時～21時。老舗だが新しい感覚の品も多い。辛い臭豆腐まん麻辣臭包子にもチャレンジしてみて!!

台南での交通

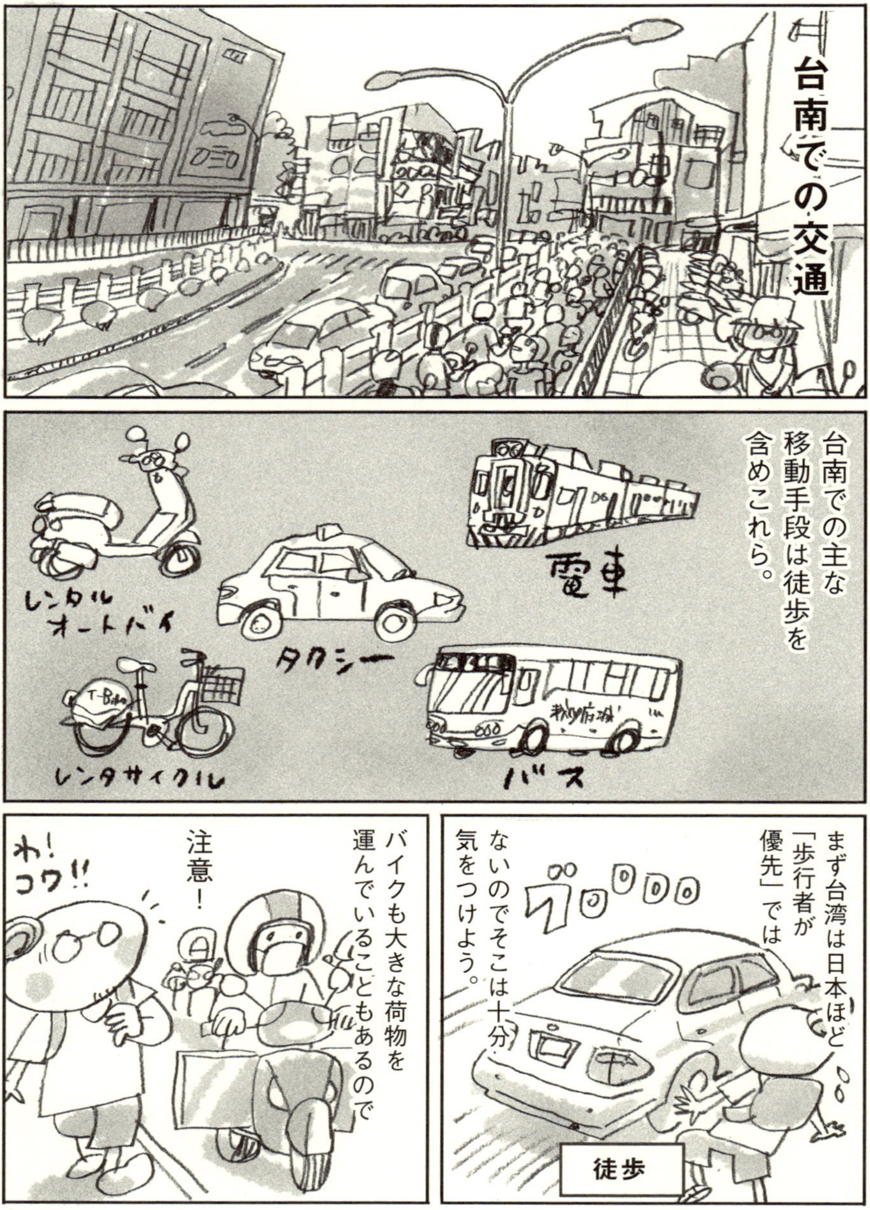
台南での交通
台南での主な移動手段は徒歩を含めこれら。
電車
タクシー
レンタルオートバイ
バス
レンタサイクル
まず台湾は日本ほど「歩行者が優先」ではないのでそこは十分気をつけよう。
ブロロロロ
徒歩
バイクも大きな荷物を運んでいることもあるので注意!
わ!コワ!!

横断歩道では車がけっこう遠慮なしにグイグイくる。でも個人的には車が一旦停止するよりも歩行者が停止した方が流れがスムーズな気がする。なので日本で横断歩道を渡る時、車がいちいち停止してくれるけど「早く行って」と思ってしまいます。

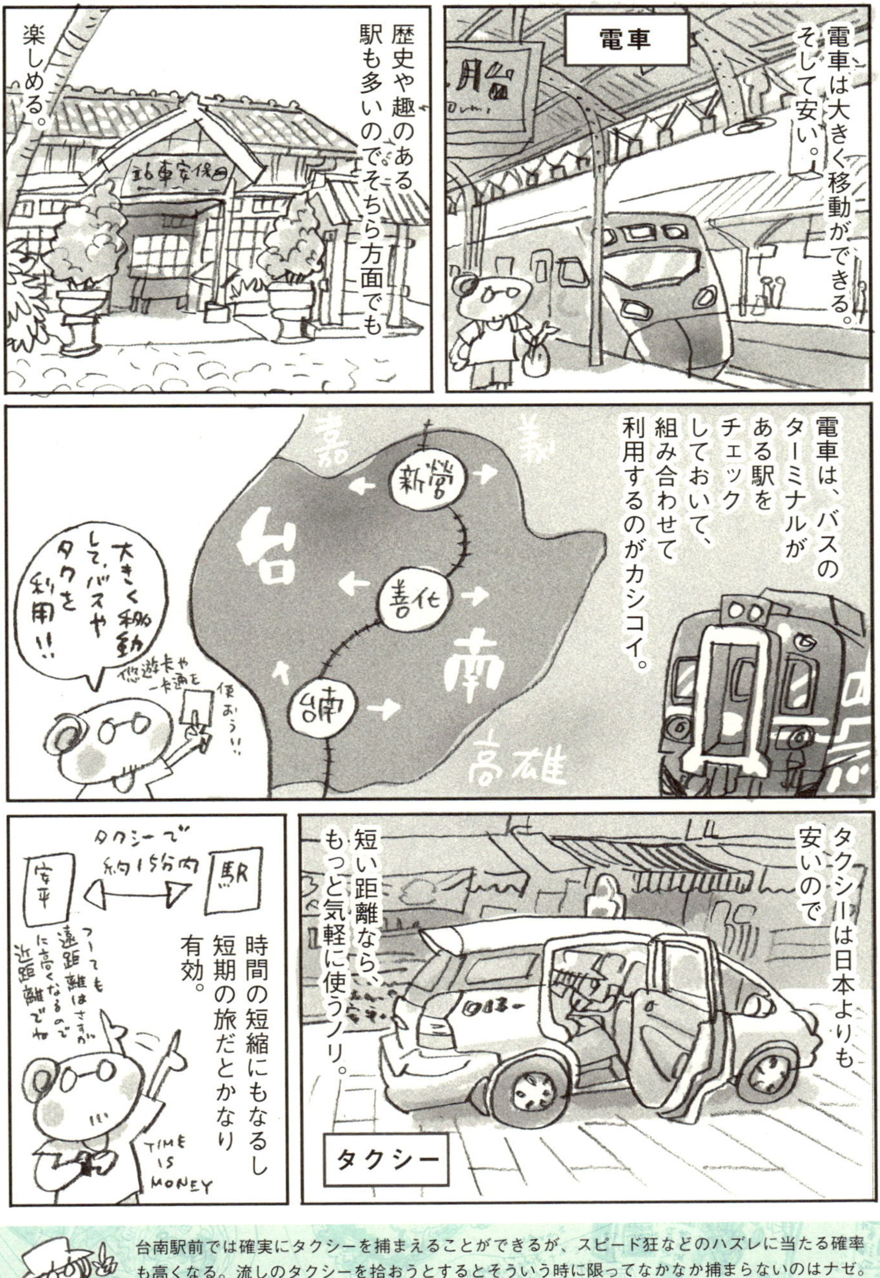
電車
電車は大きく移動ができる。そして安い。
歴史や趣のある駅も多いのでそちら方面でも楽しめる。
電車は、バスのターミナルがある駅をチェックしておいて、組み合わせて利用するのがカシコイ。
嘉義
新營
善化
台南
台南
高雄
大きく移動して、バスやタクを利用!!
悠遊卡や一卡通を使おう!!
タクシー
タクシーは日本よりも安いので
短い距離なら、もっと気軽に使うノリ。
時間の短縮にもなるし短期の旅だとかなり有効。
タクシーで約15分内
安平
駅
つーても遠距離はさすがに高くなるので近距離でね
TIME IS MONEY

台南駅前では確実にタクシーを捕まえることができるが、スピード狂などのハズレに当たる確率も高くなる。流しのタクシーを拾おうとするとそういう時に限ってなかなか捕まらないのはナゼ。少々時間はかかるけどコンビニで呼ぶのが一番確実。

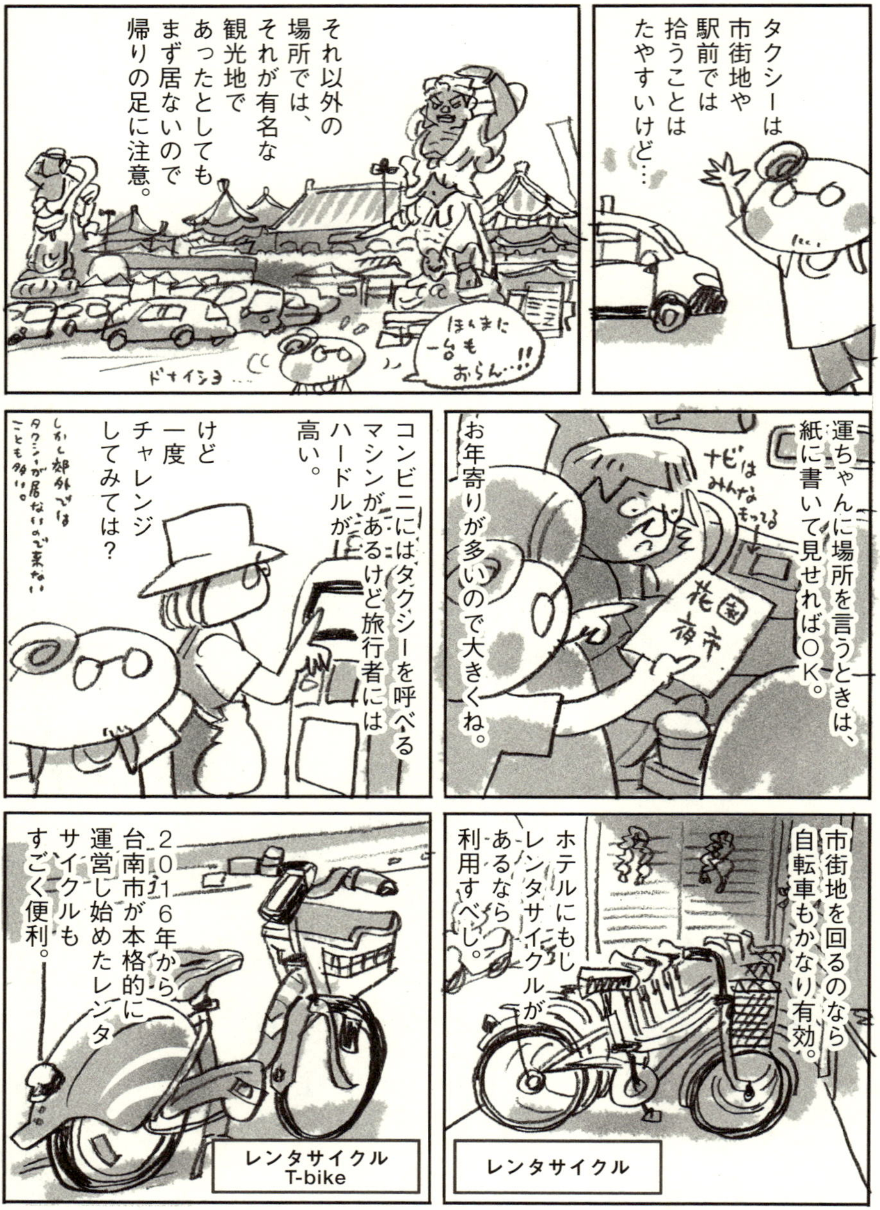

タクシーは市街地や駅前では拾うことはたやすいけど…
それ以外の場所では、それが有名な観光地であったとしてもまず居ないので帰りの足に注意。
ほんまに一台もおらん…!!
ドナイショ…
運ちゃんに場所を言うときは、紙に書いて見せればOK。
ナビはみんなもってる
花園夜市
お年寄りが多いので大きくね。
コンビニにはタクシーを呼べるマシンがあるけど旅行者にはハードルが高い。
けど一度チャレンジしてみては?
しかし郊外ではタクシーが居ないので来ないことも多い。
市街地を回るのなら自転車もかなり有効。
ホテルにもしレンタサイクルがあるなら利用すべし。
レンタサイクル
2016年から台南市が本格的に運営し始めたレンタサイクルもすごく便利。
レンタサイクル
T-bike

コンビニの機械でタクシーを呼ぶと「6分後に到着」が多い。なぜ5分じゃなく6分? 機械で呼ぶ時は電話番号の入力が必須。台湾の電話を持ってない場合は店員さんに聞いてみよう。代わりに電話番号を入力してくれたり、直接電話でタクシーを呼んでくれることもある。

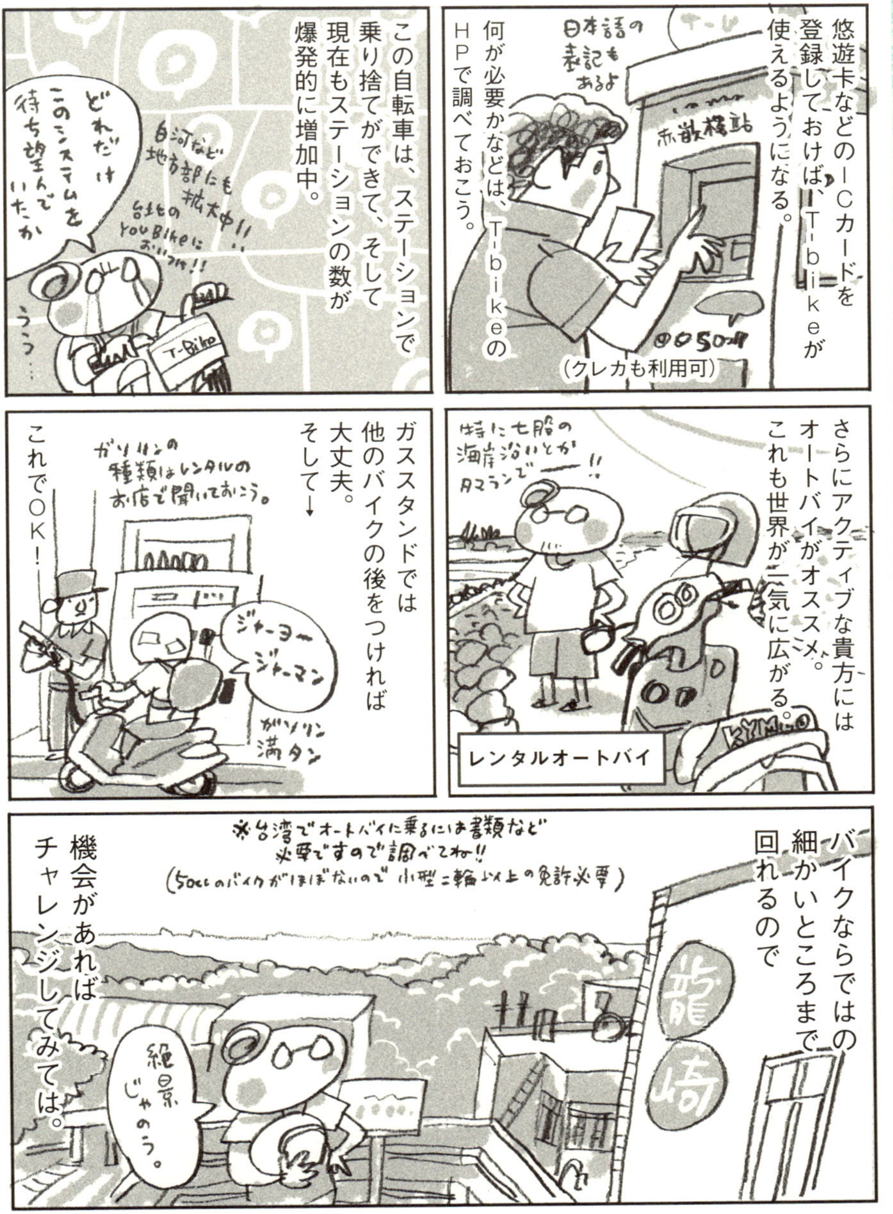
悠遊卡などのICカードを登録しておけば、T-bikeが使えるようになる。
日本語の表記もあるよ
赤嵌樓站
何が必要かなどは、T-bikeのHPで調べておこう。
（クレカも利用可）
この自転車は、ステーションで乗り捨てができて、そして現在もステーションの数が爆発的に増加中。
白河など地方部にも拡大中!!
台北のYouBikeにおいつけ!!
どれだけこのシステムを待ち望んでいたか
うっ…
T-Bike
さらにアクティブな貴方にはオートバイがオススメ。これも世界が一気に広がる。
特に七股の海岸沿いとかタマランで——!!
レンタルオートバイ
ガススタンドでは他のバイクの後をつければ大丈夫。そして↓
ガソリンの種類はレンタルのお店で聞いておこう。
ジャーヨー ジャーマン
ガソリン満タン
これでOK!
バイクならではの細かいところまで回れるので
※台湾でオートバイに乗るには書類など必要ですので調べてね!!
（50ccのバイクがほぼないので小型二輪以上の免許必要）
龍崎
機会があればチャレンジしてみては。
絶景じゃのう。

2016年から本格導入されたT-Bikeはクレジットカードでも利用可能。T-Bikeは高雄のC-Bikeのシステムを導入しており、YouBikeとはシステムが違うのでYouに慣れてる人は少し戸惑うかもしれない。ちょっと移動したり時間短縮にとても便利なのでチャレンジしてみてほしい。

手艸《ショウツァオ》
生活《センホウ》
Hand Haabu Living
主に漢方を使った
しかし今風に
アレンジされたカフェ
店名にも使われている
「艸」は「草」の
旧書体。
日本の女子の
姿もちらほら。世界中から
お客さんが来てます。
手艸薑奶《ショウツァオジャンナイ》
黒糖入りジンジャーミルク
のど越たあちが柔かく
生姜と牛乳のけっこう激しい
ウマイ味
このコップがまた良い。
花や漢方が
いっぱい入った
お茶。見た目から
お花畑でインスタ映えが
スゴイ。
枸杞晴亮《ゴウチージンリャン》
棚に並ぶ様々な漢方
店主のHugo君と
Qちゃんのカップルに
体調を伝えて
メニューを相談
してみよう。
よくコレを
注文する。・四神
・五穀豆
・緑茶粉
・牛乳入り。
食べる
飲みもの
みたい。
四神擂奶《スーシェンレイナイ》
甘くてそして
ちょい薬膳的な
お味
食を楽しみ
ながら
身体を整える
薬膳蛋沙拉《ヤオサンダンサーラー》
三明治《サンミンジー》
漢方で長時間漬け込んだゆで玉子を使った
サンドイッチ。
お持ち
帰りの
ティー
バッグも
販売して
いるので
土産にも。

お店情報

手艸生活 Hand Haabu Living P24 北區裕民街72巷12號、13時～21時（ラストオーダー20時）、休 店休日は毎月変動するのでFBにて要確認。日本語メニューあり。言葉はわからなくても丁寧に教えてくれる。

中秋の時期になると、特別なお菓子も出るので、
その時期に台南に行くならぜひお試しを。

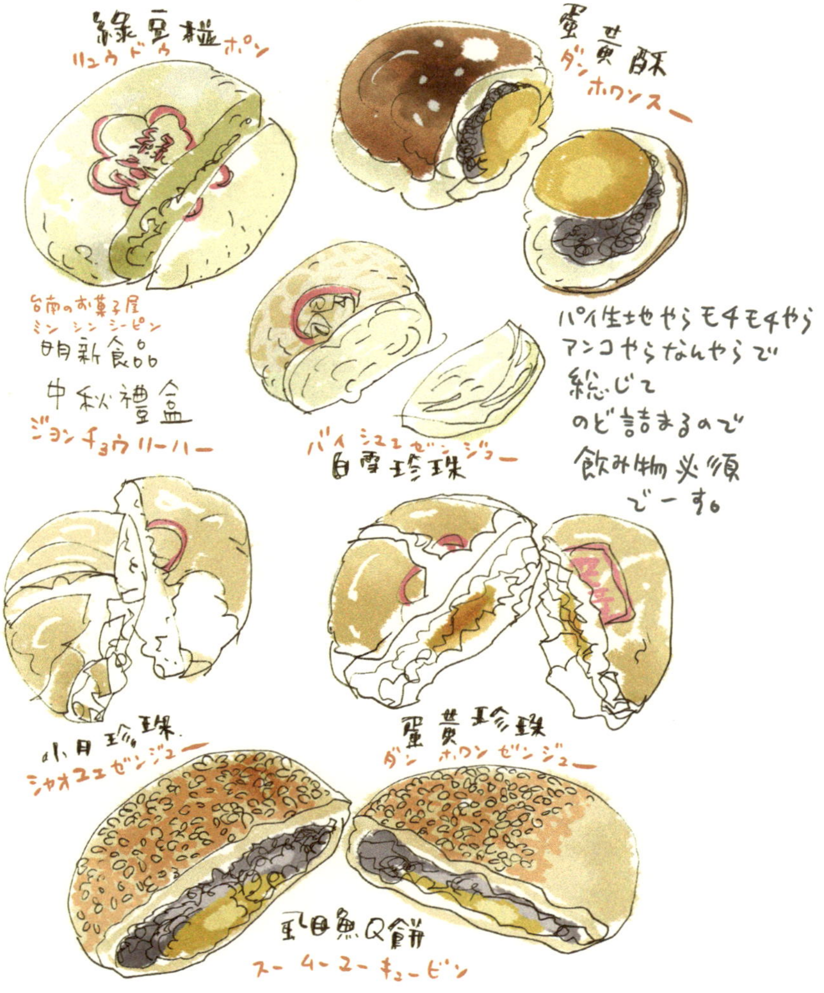

お店情報

明新食品 總店 P22 東區東寧路51號。この店舗は甘い物だけでなくパンの種類も豊富。
ほか、**東寧二店** P22 東區東寧路500號1樓など台南に計8店舗あり。

お店情報

莉莉水果店 P24 中西區府前路一段199號、**泰成水果店** P25 中西區正興街80號、など。
夜遅くまで開いているのでありがたい。台南はこういった果物屋が多い。

可以内用喔
イートインできますよ。
イートインしつつ、ユキさんからコアな台南情報をお聞きできるかも。
吉田萬屋《ジーティエンワンウー》
話題の新美術の一角
甘いモンもある吉田萬屋。
ここに来ればいつも
だれかに出会う場所。
もりもり姉さんのケーキも各種あります
小腹が空いた時にとても良し
私はよく朝ごはんにしています。
店主のユキさん作、自家製酵母のもちもちパンも大人気
今日果汁 問yuki就知道
今日のジュースはユキさんに聞いてね。
酵母のスコーン
チョコブラウニー
クッキー
デッドストックの器や小物などユキさんチョイスの可愛いモノ多数アリ。日本へのお土産にも。
お料理をつくるユキさん
福

お店情報

吉田萬屋 P25 中西區民權路二段279號2樓、13時～20時、㊡月火。2017年に開山路からお引っ越し。台南のことは店主のユキさんに聞こう。

街をブラブラしていて出会った色々。
西市場のパイナポジュース
シャリシャリ
かなり甘い
冬瓜茶《ドングァチャー》
豚肉を挟んでる。
福吉雅《FU JI YA》の手工布丁
手づくりプリン
色々な味があるよ。
台湾ハンバーガー
店によって味イロイロ。
甘いソース
菱角《リンジャオ》
割包《グァバオ》
お茶請けとしてよく登場する
かなりスモーキー
干し龍眼《ロンイェン》
干し龍眼は「龍眼乾」ロンイェンガンもしくは「桂圓」グイユェンという。
懐かしの洋菓子的台式馬卡龍 タイシーマーカーロン
新裕珍餅舗
日本と全然ちがう!!
モチモチ
玉米《ユーミー》
台湾のトウモロコシ食べてびっくり!
市場で袋づめで売ってる旬のフルーツはかなり安くてウマイ!
肉圓
(台)バーワン
中にひき肉が入ってる、しっとりとした肉まんのようなギョーザのような
甘いタレ
色々な所のアイス、アイスキャンディー
→龍崎で見つけた竹炭アイス

お店情報

凰商號 P25 中西區國華街三段16巷12號、**阿松割包** P25 中西區國華街三段181號、**福吉雅手工布丁** P23 中西區南門路235號、**新裕珍餅舖** P24 中西區民權路二段60號、**武廟肉圓** P25 中西區永福路二段194號、**龍崎竹炭故事館** P107 龍崎區新市子49號、など。

黄昏グルメ
夕方の楽しみはコレ
夕方から始まる黄昏市場《ホワンフンスーチャン》には惣菜はモチロン旅行者もグルメを楽しめる。
オカズイロイロ
もし場所があるなら、市場で色々惣菜を買って、持ち寄って黄昏パーティーをするのもステキ!
後甲市場の人気の水煎包屋さん
2018に海安路に移店
ビジュアルからカップの絶対ウマイ、スイーツ。
↑豆花にタピオカ、小豆、フルーツ系。これは買わずにはいられない…
パンもたくさんあるよ。
咖啡麵包
人気のコーヒーパン
ピロシキ的なパン
ねぎパン
小腹が空いたらパン。
後甲市場で(移店しました)行列だった焼きキャベツまんがムチャクチャ美味だった。
しかし熱い!!
肉も入ってる。
ジューシーすぎ。
棠口水煎包
ちょっとしたものを食べられる店もけっこうあるので、ここで満たすのもアリ。
皆さんが晩ごはんのおかずを買っている。
かなり賑やか
6月ぐらいのパイナップルのシーズンは、その場でサバいてくれる。台南のパイナップルは恐ろしくジューシーで美味い!!
近くの黄昏市場を散策しよう。

お店情報

後甲黄昏市場 P22 東區東光路一段123號、**尚青黄昏市場** P22 永康區中山南路282號、**和緯黄昏市場** P23 北區和緯路五段×中華北路、など。大体お昼過ぎから18時頃まで。イラスト内の水煎包屋の移転先：**棠口純豆漿水煎包** P24 中西區民生路一段67號。

安平　劍獅
蝦捲《シャージュエン》
蚵捲《クージュエン》
こっちは蚵捲
エビよりちょっと色が黒め。
ガリガリッとした衣と中はふわっと甘い。
安平はエビ巻が有名でウマイけどカキ巻もかなりウマイ!!
できれば2つ注文して食べ比べてみると違いがスゴクわかる。
カキのスープもウマし。
カキは日本のよりかなり小ぶり。
オアゼン(カキオコ)は台湾のどこにでもあるメニューだけど
カキが水揚げされる安平でもぜひトライしてみて!
サツマイモの粉がぐにゃぐにゃ。
「オムレツ」より「お好み焼」の方が近いと思う。
エビマキカキマキはつけダレで。
わさび
甘いタレ
甘いマヨネ
日本の醤油もかなり合うので、試してみるのもオススメ。
(台)オアゼン/ウアゼン
蚵仔煎《(台)オアゼン/ウアゼン》
カキのお好み焼

お店情報　**陳家蚵捲** P100　安平區安平路786號、**周氏蝦捲 老店** P100　安平區安平路125號、など。
つけダレにわさびがあるのがビックリ。安平へ行ったら必食のメニュー。

武聖夜市《ウーシェンイェスー》

阿樂牛排《アーラーニョウパイ》

洋葱牛排《ヤンツォンニョウパイ》

100元ホドい

台湾ではスタンダードなタバスコ的ソース
コンビニでも売ってる

屋台で皆、ナイフとフォークでステーキを食べてるのがなんか面白い。

コーンスープ（付いてる）
薄いシチューのよう

夜市的なこんなかんじの味。

ソースはテーブルの上に置いてるのでご自由に。

ジューっと熱々で出てくる。

夏でも大人気

何人もお客さんが来るので洗うのが大変やろな・・・・

こっちの玉子の黄味は黄色い。

ちゃんと鉄板で出て来ます。

肉は結構ぶ厚い。ソースはケチャップ味のジャンクな味。下にあるのはうどんのような良く言えば生パスタのような平麺。目玉焼は半熟なのでソースに絡めていただきましょう。

お店情報

阿樂牛排 P23 武聖夜市（水土）、花園夜市（木日）、小北成功夜市（火金）。駅裏の大遠百のフードコートや鉄板焼き専門店で同じようなものが食べられる。

かんたん
正興街MAP
2018
2018の正興街
今のお店もチェックしてみよう
他にもたくさんお店あります。
豐發黑輪
泰成水果店
居酒屋いっぱい
海安路
台南運河へ
國華街三段
←正興街→
西門路二段
台南駅から徒歩約25分
彩虹來了
蜷尾家
MY WAY HOUSE
拾参
小満食堂
正興咖啡館
この先の小道にもお店アリ
お店いっぱい↓
佳佳西市場旅店
西市場
日本進出はココから。
すんごい行列の
ソフトクリーム屋さん
蜷尾家 甘味處
2018年にはなんと
セブンイレブンでも
限定販売されました
新しいスタイルと古き良き
スタイルがうまく調和した
にぎやかなスポット
正興街《ゼンシンジエ》
休日になったら人がスゴイ。
若い観光客が集まる人気の街
正興街自体が
一つのブランドとして
大人気。
2018年
台南・正興街
×
大阪・新世界市場
姉妹商店街締結!
蜷尾家
日替りで
味も
楽しめる
ソフトクリーム
正興猫
ブラブラと
歩きつつの
グルメ
正興聞
本まであるよ。
正興街の名物オバちゃんたちも
キャラ化
いつも行列
人気のフルーツ店
泰成水果店
西市場と正興街をブラブラ。
←ここらへんで
ライブ
イベントなど
行ってる場合も
あります。
スイーツやドリンクも。
ストローが立つほど濃いフレッシュジュース
この名物の為に朝から長蛇の列
豐發黑輪
おでんです。

休日は人がすごく多いので、食べるところは平日のほうがオススメだが定休日はマチマチ。金曜辺りがベスト。西市場（P86）の中も見所多し。國華街を北に上ると有名な永樂市場周辺のグルメストリートに着き、南に下ると保安路グルメストリートにぶつかる。このイラストコラムと現在の様子を見比べてみるのもまた楽し。

特徴的なホテルの窓を中から見た図
旅行者に大人気の佳佳ホテル（佳佳西市場旅店）。部屋ごとにコンセプトがあって作りも様々。
色々なデザインの部屋は女子に大人気！
大根の炊いたんやら角煮やら
ビール
モダンな建物前でイベント多し。
2016の台風で折れて佳佳ホテルに突っこんだ木も元気
佳佳ホテル
日本人も落ちつくお味「小満食堂」→
小満のママさんが新しくオープンした「和興號鮮魚湯」も超人気店（林百貨横）
店拾參
マカロンと雑貨の店「拾參」
この細道を入ってお店を散策するのも楽しい。
ひと息つくにはココ。内装もステキなコーヒーのお店
正興咖啡館
古民家の壁や窓枠を利用した内装もオシャレー。
正興街のお店をテーマにしたTシャツ
正興街オリジナルグッズの店
Rainbow is coming
彩虹來了
作家のアクセサリーなど
カワイイ小物もいっぱいあります。
正興ノート
正興街を知りたければココ→

正興街 P25 週末になるとよくイベントが行われているが、その資金を集めるために「正興聞」という本まで作っている（なんと第2号は日本語版もあった！）。「自主的に町内で」の精神でなんでも自分たちでやってしまうそのパワーには脱帽。2016年には京都発祥の事務椅子レース「いす-1GP」の初海外大会も行われた。

一日のスタートはここから
朝市
もう終ってたらなぜかがっかりするので早起きをしましょう。
巨大な魚…
夜市も良いけれど本当に面白いのは朝市。台南にも多くの朝市があるので、ちょっと早起きして近くの朝市に→出かけてみよう。
休みの日以外毎日この活気。
日新香肉舗
山のような魚のアラをバイクでひっぱってるおっちゃん
スゴイ量
魚の香り。
水仙宮のお店
お寿司をバーナーであぶってます。
たいていの朝市でごはん処があるので軽食からしっかりまで。
そんなムズカシイ言葉は必要なし。

市街地には代表的な朝市が３つある。鴨母寮は炭火麵（垃圾麵）、水仙宮は麵條王海產麵、東菜市は金鳳老牌麵店や阿婆陽春麵などが有名。もちろん麵以外にも色んな名物がある。臺南市市場處HP（http://tnma.tainan.gov.tw）には朝市だけでなく色んな市場の情報がある。

台湾はおどろくほど練りモノの種類が多い。
肉の色々な部位がぶらさがりまくってる →
ほんとみなさん朝からパワフル。
ようわからんフレッシュなジュースとか。
毎日ごくろうさんです
歩きながら売ってるおばあちゃん
あげ立てアツアツを食べながらブラブラ
おっちゃんあげまくり
なんやこれは？な品も見てるだけで楽しい。
コンビニではまず買えない
野菜を包んであげてる
お魚を漬けたヤツ。
夏はきっとすごい熱さ…
お昼ごろにはほとんど終了するので早目に行こう。
なかなか生《ナマ》い鶏さん
朝めしもココで。
まっ黒の鶏もこちらでは多い。
日本ではまず見ないモノ、旬のモノがあるので毎回楽しい。

【市街地】**鴨母寮市場** P24 北區成功路148號、**水仙宮市場** P25 中西區海安路二段、**東菜市** P24 中西區青年路164巷、など。【郊外】**麻豆市場** P136 麻豆區中正路、忠孝路一帯、**歸仁市場** P107 歸仁區和平南街9號、**佳里中山市場** P107 佳里區中山路300號、など各地にあり。

台南でのグルメでまず一番に紹介される代表メニュー

擔《ダン》仔《ザイ》麵《ミェン》
(担仔麵)

名古屋の台湾ラーメンのモデルと言われている。たしかに!!

昔の屋台のスタイルで作ってる店が多い

座りながら作ってる

もちろん台南発祥!

ノーマルは汁ありだけど これは汁なし。これも好き。

タレはかかってるので底からしっかりまぜて。

台南には多くの担仔麵屋さんがあるけれど、中身は似ていても味はそれぞれ違うので、色々食べ比べても楽しい。一杯の量が多くないのでハシゴもOK!

トッピングの煮玉子は注文したいところ。しみしみたまご

麺や米粉《ビーフン》やら選べるお店もある。

これは太い米粉《ミーフェン》バージョン

思ってるよりシンプルな味なので

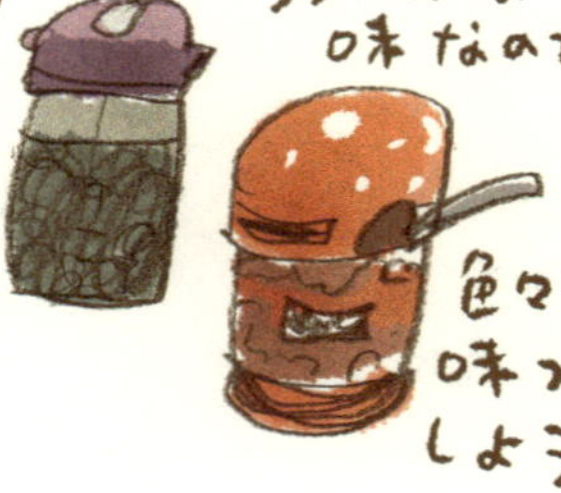

色々と味つけしよう。

お店情報 **台南陳擔仔麵** P25 中西區民族路二段403號、**度小月** P24 中西區中正路16號、101號、など。擔仔麵の店は観光スポットの赤崁樓（ツーカンロウ）付近に多い。

鍋《グォ》焼《サオ》意《イー》麺《ミェン》

具がいっぱい入った、いわゆる鍋焼うどんのような味わい深いおだし。

この麺は1度揚げてから また茹でてる 独特の食感。ボソボソしながらクセになる。

野菜 麩
カマボコ
魚のねりモン
玉子

一度揚げて保存するスタイルの意麺はインスタントラーメンのルーツにもなった説も。チキンラーメンの開発者、安藤百福氏は台湾の嘉義出身。

意麺は地方やお店によってスタイルも様々。

これはスープなしのタイプ

お好みのお店を見つけてね

意《イー》麺《ミェン》

←こちらは揚げてないスタイル。

よーく混ぜて——!!

台南めし 麺

お店情報 鍋焼意麺は**唯農(小豆豆)** P24 中西區樹林街二段105號 など、生麺タイプは**小杜意麺** P25 中西區友愛街143號など。揚げ意麺は鍋焼意麺や鱔魚意麺に使われ、生タイプは乾麺や湯麺で。全然別物だけどどちらも美味しい。

普通の麺も美味いけどビーフンなら汁全部もっていく。
この店は
阿川紅焼魠魠魚焿《アチュアンホンサオトゥオトゥオユウグン》
イカフライのトロミスープ
魷魚羹《ヨウユウグン》(焿)
こっちはビーフン
甘酸っぱいとろみスープがめちゃめちゃ絡む
熱くてなかなか食べられない。
酢を入れてもよろし。
コショー
辛いのも
この時は魚がなくてイカの唐あげが入ってた。甘くてウマイ
パクチー ネギ
白菜みたいなん
「羹」も「焿」も字は違うけど同じもの
阿川の肉燥飯めっちゃ濃い。
選べる
↓
麺・ビーフン・又はごはん・スープのみ
サワラのフライのトロミスープ
魠魠魚羹《トゥトゥオユウグン》(焿)
この店は
好味魠魠魚焿《ハオウェイトゥトゥオユウグン》
麺などは入ってないトロミのスープ。軽く酢っぱく甘い。白身のフライが揚げたてで身が詰まっててウマイ。
フライのガリガリがしっとりしてくる。
台南に寒い日があるのかは置いといて冬にいただきたい。

お店情報

阿川紅燒魠魠魚焿 P25 中西區海安路一段109號、**好味紅燒魠魠魚焿** P25 中西區國華街三段186號、**公園口紅燒魠魠魚焿** P24 北區公園路265號、など。トロミあんかけなので暑い日はとことん熱い。

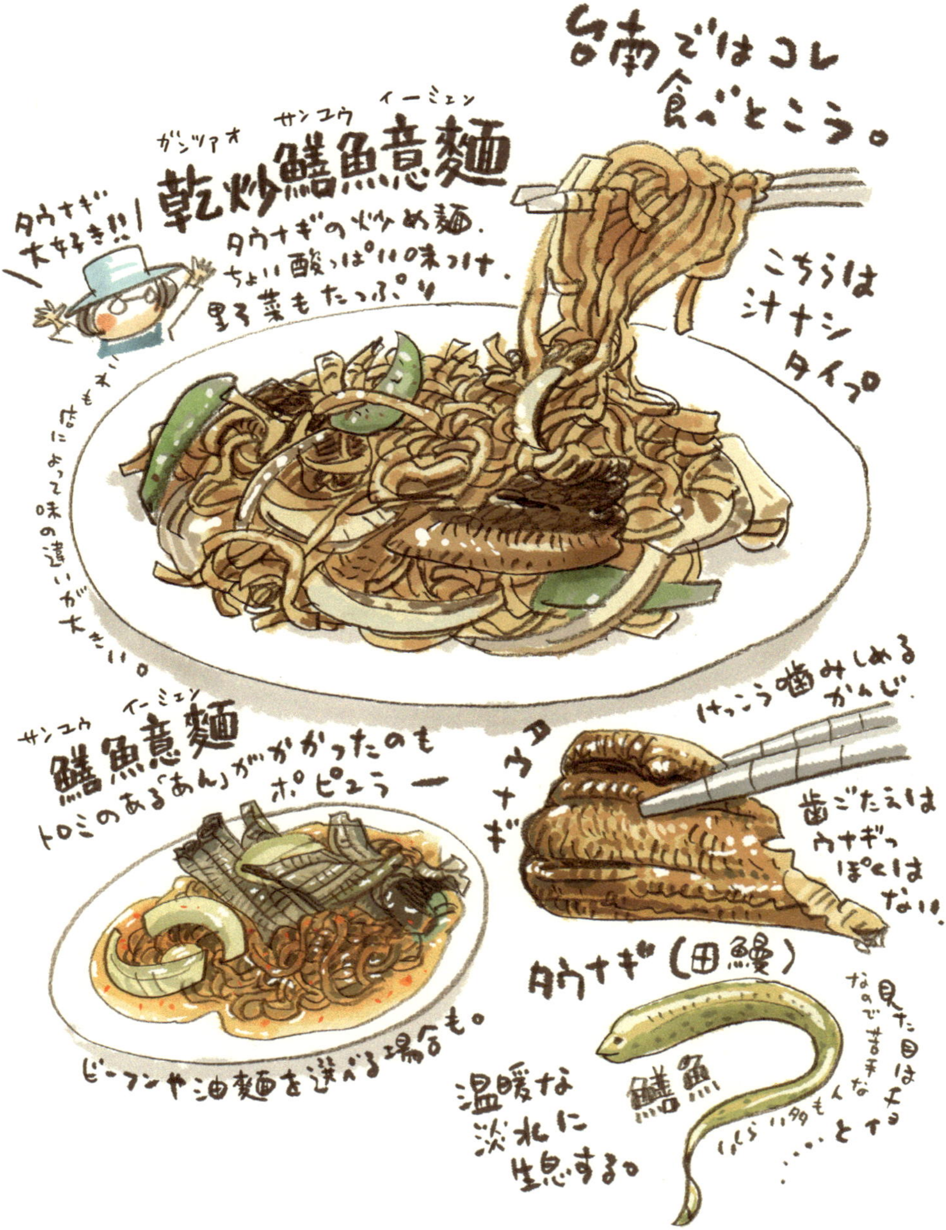
台南ではコレ食べとこう。
乾炒《ガンツァオ》鱔魚《サンユウ》意麵《イーミェン》
タウナギ大好き!!
タウナギの炒め麵。
ちょい酸っぱい味つけ。
野菜もたっぷり
こちらは汁ナシタイプ
店によって味の違いが大きい。
鱔魚《サンユウ》意麵《イーミェン》
トロミのある「あん」がかかったのもポピュラー
ビーフンや油麵を選べる場合も。
タウナギ
けっこう噛みしめるかんじ。
歯ごたえはウナギっぽくはない。
タウナギ（田鰻）
温暖な淡水に生息する。
鱔魚
見た目は
なので苦手な人も多いらしい

 お店情報

郭記炒鱔魚專家 P100 安平區育平九街8號、**阿江炒鱔魚** P25 中西區民族路三段89號、など。郭記は大同路にある炒鱔魚專家の流れを汲む。タツヤお気に入りのお店。

← この看板は旧バージョン
牛肉湯
西羅殿《シールオディェン》牛肉湯《ニョウロウタン》
牛肉湯《ニョウロウタン》
台南の朝の活力
いつもやさしいお兄さん
新鮮な生の牛肉に熱々のスープをかけたシンプルなスープ。
牛肉湯好きな台南ファン
牛肉湯は肉も色々な部位の種類のスープがあるけど私はノーマルが好き。(今の所は)
いつも「中」を頼んで他のオカズといただく。
「肉の味や〜」スープを一口、
牛肉 → 千切りショウガと甘い醤(ジャン)につけていただく。
強力椒
蕃茄炒牛肉《ファンチェツァオニョウロウ》
牛肉のトマト炒め
これめちゃ好き
この場合魯肉飯より白メシのほうが好み
→ 付いて来るよ。
マイ朝セット
これはパンチ効いてる。
シンプルな料理なので、色々な味つけで。
酢やら酒やら甘い醤やら
針ショウガとタレと牛肉をいっしょに。
← けっこう甘い。
← ラストは酒やお酢で味を変えるのが定番。
西羅殿牛肉湯オリジナルの調味料
強力椒《チャンリージャオ》
この絵を見せて出してもらおう ↓
お土産にもイイよ!!
強力椒

お店情報

西羅殿牛肉湯 P24 北區公園南路98號、**助仔牛肉湯** P100 安平區安平路624號、**第二代阿村牛肉湯** P25 中西區保安路41號、など。台南名物朝ごはんの牛肉湯は店によってスープの味が違うので食べ比べてみて。

阿龍香腸熟肉 P25 ⓘ中西區保安路34號、⊙10時半～20時（売り切れ次第終了）、㊡不定。
香腸熟肉は北部では黒白切と呼ばれている。この保安路もグルメストリート。

このお店は
阿《ア》國《ガォ》鵝《アー》肉《ロウ》
名物 ガチョウの 蒸し料理
6人でいただいたので 大量のお肉!!
ガチョウのお肉はブリブリでジューシー ものすごい弾力!!
ごはんはセルフでね
年季がスゴイ…
これは日本ではなかなかいただけない
まるでゴムのように伸びるお肉。
鹹蛋苦瓜《シェンダンクウグア》
ゴーヤ苦手でも大丈夫
めっちゃ酸っぱいたけのこのスープ。大皿で来たけど取り分けた。
ゴーヤと塩漬け玉子の炒めもん 台湾の基本の一品。
台湾のゴーヤはあまり苦くないのが多いので食べやすい!!
炸蝦巻《ザーシャージェン》
ごはんがすすみすぎる
安平のエビ巻よりもコロモがガリガリしてて、これはまたウマイ!!
甘いタレとワサビでいただく
大きなお魚も煮込みヘチマも食べたけど描けんかった…
台湾ビールもなんぼでもイケるよ
弾力ハンパない。
イカの団子
イカは基本的に大好きだけど揚げたてのコレは1人で食べたいホド美味だった。
粗目のイカがGOOD!!
甘いタレ しょう油持参もアリ。
炸花枝丸《ザーホァジーワン》

どっちもウマイけど どちらもいきたい。
これはエビとニラも入ってた
水餃《シュエイジャオ》
いわゆる水ギョーザです。
蝦餃
こっちはエビ
これもウマイ店を見つけたらウレシイ。
お肉と野菜。
肉汁がスゴイ…
肉餃(豚)
小籠包も良いけど、ポピュラーすぎてあまり紹介されない水餃子もかなりウマイ。
お醤油や黒酢で、辛いのを入れたりしていただく。
1人10個は余裕。
熱すぎてまず無理…
ぜひともビールをいただきたいけどこちらの人はあまり飲まない…
けっこう酸っぱさが全面に出たスープ。
水餃子の店にはこのメニューがよくある気がする。
酸辣湯
スワンラータン
慣れるとずっと飲んでしまう。
ちょいトロミアリ。
トーフ キクラゲ タケノコ 玉子 シイタケ など

お店情報

老友小吃 P22 北區勝利路268號、**恭仔肉燥意麵** P25 中西區新美街32號、**美都涼麵** P23 南區五妃街384號など。老友はメニュー豊富で炒飯など色々美味い！ 他2店は麵屋だけど水餃も有名。

セルフサービスのお店
自助餐《ズージューツァン》
何を食べようか
決められない時
好きなモノが取れる
このセルフの店が
オススメ。
ここで、紙皿か
お弁当か、入れ物を
選ぶ
ススム
この日はお弁当にしたら
50元でした。
安スギ…
現場でいただいても
お持ち帰り弁当にしても。
紙の
お皿に
紙の
お茶碗
スープも
あった。
骨付き
豚のフライ
チリソース
なすびの
味噌ミンチ炒め
玉ねぎ
トマト
炒め
たぶん
エリンギの
めちゃ甘
炒め
ししとう
塩油
炒め
トリカラ
甘ダレ
しなちく
しいたけ
甘辛く
煮てる
しらす
ピーナツ
下にごはん
青い野菜
豚肉甘辛
炒め
料金は皿をチェックされて決まるけど、
けっこうアバウトな気もする。
持ち帰りの
スープや
飲料は、ビニール袋
に入れる所もある。
ハードル高い!!
ビジュアル
から
入る!!
様々なオカズを見てたら
食欲がかなり
出て来るよ。

お店情報

安平自助餐 P100 安平區華平路619號、**天橋下美食自助餐** P22 北區開元路69號、など。
勝手がわからずビビりがちだが意外とほぼ言葉がなくてもOKな形態。

廣《グワン》越《ユエ》美《メイ》食《シー》

友人オススメのベトナム料理屋さんへ。
台湾アレンジがされており
とてもオモシロく美味しい。

コクのある塩味のスープ

麺はベトナム料理なのでフォーー

もやしなど

台湾バジル

牛肉

ニンニク・ネギ

牛肉河粉《ニョウロウハーフェン》

揚げ春巻
ものすごくパリパリしていて
甘辛ソースがすごく合う。
友人は激辛ソースで食べていた。

炸春捲《ザーチュンジュエン》

たぶん米粉で作った
皮に、キューリ、レタス
そして鶏肉
何本でも
イケる!!

春捲《チュンジュエン》

日本でいただく生春巻と同じ味。

スープはカレー的なスパイシーな味
おダシがかなり効いてる。

麺はもちろんフォーー

にんじん
もやし

大根

お肉がホロホロで美味い!!

台湾バジル

紅燒牛肉河粉《ホンサオニョウロウハーフェン》

味が濃い目なので暑さでつかれた日でも塩分がウマイ。

スイートチリソースは
日本でいただくより
酢が強い。
さっぱりして
これはこれで
なかなかイケる。

台南めし　めし屋

お店情報 **廣越美食** P22 北區長榮路4段108號、**鴻公公越南河粉** P23 南區水交社路352號、など。
台湾式ベトナム料理のお店。ひと味ちがうメニューやさらにスパイシーを求める人に。

グルメやらゲームやら雑貨やらファッションやら
野外のマッサージ屋さん
按摩
これで体力を回復
効くわー
日本でも安いマッサージがあれば……
屋台の仕組みを見るのがオモシロイ
麻辣串串香
100元
若い子らが多く夜市はいつでもパワフル。
今の所、武聖でしか見たことがない。
ちょい甘。
謎の、すごくシンプルな焼菓子
麵煎嗲
トマト・梅干・トマト梅干。
甘味と塩味のハーモニー
これがまたウマイ。
新鮮なフルーツやフレッシュジュースも夜市はイイネ！
ココ→美味!!
鉄板焼屋のすごい排煙設備
辛そう……
なんかわからんけど
子供の遊び場も多い
スイカジュース美味し。
セルフサービスのルールが良くわからんけども
それもまた楽しいね。

大体18時頃から24時過ぎまで。市街地では花園、大東、武聖夜市が有名。郊外にも、大きくはないが關廟夜市や永大夜市など、土地ごとに夜市があるので行ってみるのも面白い。開催曜日に注意。【郊外】**關廟夜市**（月金）P107 關廟區中央路、**永大夜市**（月木土日）P107 永康區永大路二段。

自転車がオススメ
武聖夜市に
来ました一。
花園、大東と並んで、
市街地の三大夜市。
武聖夜市
初心者は軽くレクチャーされてる
6.7メーター先のマトに射す。
すご腕の弓の達人が居たりもした。
オッちゃんらが来場するバイクをバンバンさばいている
やはり美味そうなお店は行列ができている
(たぶん)この道何十年のすごい手さばきでオアゼンを作る
台南の夜市は曜日ごとに違う場所で行われる「流動夜市」と呼ばれるスタイル。行きたい夜市の開催の日には気を付けて。
鉄板焼きを食らっている!!
黙々とねぎ餅を揚げるオッちゃん。揚げ立てはサイコー
夜市は郊外の街にもほとんどあるので色々行ってみるのも街の特色が出て楽しい。
暑い日に熱くないの?
極太ソーセージ
蔥油餅
每塊25 加蛋30
口にくわえてる糸を使って不思議な方法で産毛を取っている

【市街地】**大東夜市**（月火金）P22 東區林森路一段×崇善路、**小北成功夜市**（火金）P23 北區西門路四段171巷2號、**武聖夜市**（水土）P23 中西區武聖路69巷42號、**花園夜市**（木土日）P23 北區海安路三段×和緯路三段。**新永華夜市**（木日）P23 安平區華平路×郡平路。

なかなか年季の入った
マネキンも多数
ある内に行っておこう。
2018年の
様子。
現在は
形そのままに
新しく造り
直されて
いる。
この当時は入口に
粽屋さんが
ありました。
since
1905
布市場にはすごい種類の布があるので
その気になれば、服をオーダーすることも
可能。私も作ってもらいました。
服屋の
ネーサン
カッコイイ
西市場は
グルメも
あるよ。
トラディ
ショナル
シュー
クリーム
YAMA

西市場 P25 イチから仕立てる店もあれば、修繕専門のお店もある。西市場の外にも手芸店がある。市場内には布だけでなく、トラディショナルかき氷の江水號や、人気の麺屋さん福榮小吃阿瑞意麵、パイナップルスイーツの凰商號、レトロシュークリームの百珍麵包蛋糕など、グルメも外せない。

西市場で服を仕立てる

西市場

正興街の入り口にあるコレ。(2018当時)

西市場はその昔
台湾の南部で
最も栄えた市場でした。

台湾の
三大布市場の
1つでも
ありました。

中を
散歩して
みてね。
スゴイから。

西市場は布市場で、今も中を歩くと
布屋さんが多く並んでいる。

新しいブランドを
立ち上げて
布を使い
色々なグッズを
作る若手も。

昔の布を使った
小物も
あります。
1点もんが
多い。

佳佳西市場旅店《jia jia hotel》の1階では
「小鳥衣衣」の服を販売、展示してる。

レンタルで街を歩いたりもできる。

昔ながらの
職人さんの技術と、
現代のデザイナーとの
共同で作られる
新しいスタイル。

ハナつも作って
もらいました。

佳佳西市場旅店(JJ-W HOTEL) P25 中西區正興街11號、西市場のすぐ横(2018年閉店)。正興街にある佳佳西市場旅店のロビーではオリジナルブランド「Little bird's tweet 小鳥衣衣」の服や靴を展示販売している。サイズがあれば購入も可能。宿泊とセットになった、デッドストックの布を使った靴作りワークショップも行っている。

1932年に建てられた
モダンでコンパクトな
百貨店。
2014年
50余年の時を経て
完全復活!!
モダンな電灯。
その昔はコレが大きな目玉だったとか。
エレベーターは6人乗り
階段もイイよ。
床のタイルがカワイイ!!
ここもまたモダン。
屋上にも売店アリマス
当時はお稲荷さんだった神社の鳥居もあるよ。
昔ながらのポスト
その昔は更に左右にずーっとつながっている大きな百貨店でした。
2017の営業再開リニューアル3周年のビジュアルデザインは私やまさきタツヤが担当しました。
はためく旗がカッコイイ
リン バイ フオ
林百貨
はやし ひゃっか
今や台南の顔にもなった超有名なランドマーク。
市街地の中心部にあります。
夜のライトアップされた姿もかなりステキなフォトジェニックでございます
昔は見はらしもスゴかったハズ。
6F 台南好風景。
小物の土産、アイスもアリ。
屋上には神社もあり。見はらしも良いよ。
5F 台南好美味
軽食アリマス
4F 台南好文化
カフェと本と音楽
3F 台南好時尚
ファッションはココ
2F 台南好設計
オシャレ雑貨
1F 台南好客廳
食べ物土産はココ
日本の昔の百貨店をギュっと小さくした感じ。
日本にはもうほとんどなくなってしまった雰囲気…
店内にあるレトロな装飾。
ちょっと良い目のお土産などはココでOk
台南の思い出
合成帆布コラボ
HAYASHI
ハヤシ百貨オリジナルパイナップルケーキ。
エレベーターをイメージした2016年モデル
ハヤシ帆布バッグ
エレベーターの通気口
オリジナルグッズも多し。
レトロなノート
物語
林百貨バージョン碰餅
なんとなくおめでたいお土産。
台南のフルーツを使った「ハヤシライス」を出してほしい…。
オッサンシャツ
本屋さんCD屋さんもあるよ。
日本の観光客も多く居る名所。

林百貨 P24 中西區忠義路二段63號、10時半～21時半。台南のメーカーやブランドを中心にお土産品や衣服が並んだ百貨店。6階の壁には太平洋戦争で爆撃された跡や、屋上には創業当時の神社が残っている。

頭から尾まで。
頭が並んでるのもよく見ます
↓コレを元にしたオシャレなポーチもあるよ。
グロカワイイ
実は…苦手なんも多い…
魚皮湯がスキ。
タンパク質たっぷり
おかゆ、焼き、皮のスープ、つみれなどなど。
美味しいサバヒーの店に行くべし!!
北門區に居るサバヒー坊や。「虱目魚小子」
北 NORTH
171
サバヒーをかぶってるのがなんなのか
あんまりユルくない所がまたキュート。グッズ出してください。
サバとは全然違う魚です。
台南のシンボル魚
虱目魚《スームーユー》
台（サバヒー）
サバヒーは鮮度が命。やはり台南でいただきたい
このとんがった尾がカワイイ
日本の南の方でも釣れることがある。
英語では MILKFISH
ここは日本語のパネルでサバヒーのことが学べます。
シブ目のサバヒーの歌も流れてる 虱目魚～♪
北門區の養殖場を見学。
ちょっと郊外に行ったらサバヒーの養殖場がすごく多い。これが台南の名物たる所以。
鄭成功の伝説の中にもサバヒーが登場するらしい
延平郡王祠にある鄭成功の像
エサをまくと元気いっぱいのサバヒーが動き出す。
おっちゃん楽しそう。
よく見かけるサバヒーマシーン
虱目魚主題館 安平にあります。
網を投げて引いたらもうすごい量のサバヒーがピチピチ。
同じ池でエビも養殖してました
美味しいんかも！コンソメスープの素のようなサバヒーのごはん
サバヒーが食べてるのかしら？
養殖池が見えたら台南へ来た感じが大きい。

台南（とくに將軍區、北門區方面 P107）には養殖池が多くあり、市街地でもサバヒーを出す店は多いが、鮮度が命の魚なので美味しく食べられる店はかなり貴重である。日本でも四国より南では生息するらしい。寒さに弱く水温が10℃を下回ると死んでしまう。**虱目魚主題館** P100 安平區漁光路128-2號（完全予約制）。

小鍋で1人1鍋をいただく。
みんなバラバラの味のお鍋。
台湾ではよく見るスタイル。
大勢でいただいたけどみんな別々のお鍋だった。
私のお鍋は
蒜頭《スァントウ》雞《ジー》
にんにくと鶏のお鍋
この鍋はにんにくベースの深い塩味のお味
カセットコンロ
トウモロコシは基本的に入ってるらしい
お鍋の具材は鍋しだい
煮込み系は最初から入っている。
つけだれ
コクのあるウマいタレだった。
台南は暑いけどそんな日でも鍋は人気
ごはん
て言うかこれ1人で食べるには多すぎ。
みんなけっこう残してた..
この、アイスの棒のような木ベラを使って、つみれを鍋に入れる。
この鍋の目玉である三種の鶏つみれ。
いずれもぷりぷりのこれぞ台湾で言うトコロの「QQ感」といった感じ。
なんかオシャレな入れもん

お店情報

洁洁 永華店 P23 安平區永華路二段137號、**咕嚕咕嚕** P23 中西區慶中街12號など。
1人や2人旅だとこういう1人鍋はありがたい。咕嚕咕嚕の辣椒雞火鍋もオススメ。

皆で鍋をいただきました
劉麻辣世家《リョウ マー ラー シー ジャー》
注文の仕方など
全くわからんので
みんなに
おまかせ
しました。
こうゆうときは
男子がテキパキと
動いてくれる
日本の
スタンダードな
お鍋と
比べたら
油モンが
タタい。
お肉も色々な
種類。
練りモンも
バリエーションが
かなりタタい
仕上げは
乾麺の
ラーメン
一択
鍋は陰陽の形で
2種のスープが
楽しめる。
ちょい薬膳的な
お味で
ダシは全く
効いてる感じが
せんかった。
ヤギ肉
貝柱の
カマボコ
玉子の皮の
ギョーザ
魚の卵が入った
練りモン。
鍋の具材
いろいろ
キャベツ
焼豆腐
高野豆腐的な豆腐
揚げパン
牛肚（ハチノスのようなモツ）
揚げ湯葉
インスタント
麺
豚肉
鴨血《ヤーシェ》
アヒルの
血を
ぷよぷよに
したもの
みた目は
グロいけど
新食感。
白めし
おかわり
しまくって
お腹パン
パン
めっちゃ
酸っぱいタレ
ねぎと絡めて。
みんなコレをおかわりしまくってた
自分には酸っぱすぎた……
桂花酸梅湯
みんなが普通に飲んでたコレ
めっちゃ甘くて酸っぱいそして
かなりスモーキー。
お鍋にはこれ定番。

お店情報

劉麻辣世家 P22 東區慶東街70號、17時～25時。大勢でワイワイ行きたいときに。鴛鴦鍋だと辛いのと辛くないのと半々にできる。薬膳鍋の**小綿羊** P25 中西區海安路二段303號、17時～23時（土日は11時～14時半も）もオススメ。

奉茶

よその土地に
長く滞在するとやはり
日本食が恋しくなる。それも激しく。
しかし正直外国の「日本食屋」でホボ、ロクな
トコはないので、いつも困るんやけど。ここの鍋は
別に日本食ではないんやけど、その欲求を満たしてくれる数少ないお店。

お店情報

奉茶 P24 中西區公園路8號2樓、11時～23時（食事は11時半～14時/17時～21時）、㊡ 除夕（旧暦大晦日）、初一（旧暦元日）。1階はドリンクスタンドと茶葉販売。ドリンクスタンド脇の階段を上った2階で鍋をはじめ食事ができる。

羊肉湯《ヤンロウタン》
お店によって薬膳的なスープなお味も。
羊肉湯、炒めもののお店は
老泰羊肉
甘いタレにつけていただく。
牛肉湯のようなビジュアル。
お店にもよるけどここは最初からショウガが入ってた。
新鮮でクセは全くなくまた牛肉とは少し違うお味。どちらがお好みか。
山羊肉と青い野菜の炒めモン
国によっては羊肉と山羊肉を区別しない所も多いとか。
「ひつじ」ではありません
「羊」と聞いてジンギスカンを連想して苦手な人もクセがなく大丈夫。(のはず)
きっとパワーのつく、
ヤギのアレの炒めモン....味はオイシイけど
男としては....
しゃぶしゃぶもあります。
お肉が柔らか〜!!
色がとても鮮やか。
色々な部位アリ
豚足ならぬ
ヤギ足
骨についてるお肉
関節部がプラモみたい...
お鍋のお店は
小腳腿羊肉

台南めし　鍋

お店情報

老泰羊肉 P24 中西區青年路206號、**小腳腿羊肉 海安店** P25 中西區海安路一段68號。クセは全くないのでヒツジが苦手な人も（たぶん）大丈夫。この2軒以外にも専門店はたくさんある。ヤギ料理は台南に近い高雄の岡山が有名。

姚《ヤオ》焼《サオ》鳥《ニャオ》

1828《ゲストハウス》のオーナー
ジャーさんの
オススメのお店
オッサンシャツ（女性）
ジャーさんに
連れて来て
もろた。
まずは前菜的にキューリをいただく
かつおぶしと
甘いタレと
キューリ。
日本ならポン酢で
行くところ。
完全武装で
焼き鳥も焼いている
お忙しい中
写真OKをいただきました。
さすが人気店
量と煙が
ハンパない
タオルに
マスクに
バンダナに
メットに
手ぶくろ・・・
焼鳥には
BEERでしょ
台湾ビール金牌
台湾ビールは
薄いので
ガンガン
いってしまう。
焼鳥
盛り合わせ
どれがどの串か
全くわからん
台湾でも味は「タレ」と「塩」が
選べる。今回は「タレ」で行く。
たぶん
スズメの
丸焼き。
京都の
伏見にも
アリマス。
↑ハナコは
頭もヨユーで
丸かじり。
日本の
タレに
比べる
と
かなり
甘くて
なんか
インドネシアの
サテとの間のような
お味で美味しい。
日本に帰ってもまた
食べたくなる。
色々な部位でわからん
けども、歯ごたえや味が
違ったりでかなり楽しい。
食べた後の串や
骨などは机の上に
置くのが台湾
スタイル

お店情報 **姚焼鳥** P25　中西區民族路三段52號、19時半〜26時。豪快な炭火焼。鶏以外に豚やエビなどもある。かなりの賑わい。

お店情報　**原竹仔店肚海產** P23　南區西門路一段382號、17時半〜25時。新鮮な海鮮もいただけるので、ネタケースをチェック！

紅蟳米糕《ホンシュンミーガオ》
どれだけが一人前か わからんので 遠慮しつつ いただく。
もっちりおこわ。
グリンピース
しいたけ
干し えび
肉 など
これと いっしょに 白ごはんも 行きたいわ!
台湾ビールの スキマがない…
台南では田うなぎを食べとかんと。
これは大皿から小皿に移した分。
炒めモン
田うなぎは 食感が オモシロイ。
うなぎ とは 大違い。
玉ねぎ パクチー ネギ的な モノ。
乾炒鱔魚《ガンツァオサンユウ》
今回は全ておまかせで たぶんコースで 色々と出て来ました。
お玉でヨユーで切れる
アヒル 美味し
煮込まれた アヒルの お肉は ホロホロ…たまらん…
肉米蝦《ロウミーシャー》
ちょい 酸味の スープ。
揚げた 小エビが 入っている。
玉子 パクチー シイタケ など。
トロミ あり。
金針花というお花を 干したものも入っていて 一緒に煮込まれている。
もちろんふにゃふにゃで 柔らかい。
その他 具は 野菜 豆腐 タケノコ 玉子 などなど。
これと カニおこわは ここに来たら 食べとくべき名物
お店。しかし台南では 驚かんのがスゴイ。
他のも色々 行っときたい。
満腹で 倒れそうな所でこれ登場。
お兄ちゃんどうぞと言われて ほとんど一人でいただく。
巨大布丁《でかいプリン》
これ実は メッチャ デカイ からね
めちゃ 濃厚な 昔風 プリン

お店情報

阿美飯店 P24　中西區民權路二段98號、11時〜14時、17時半〜21時、㊡ 火。台南らしい料理の数々。ご年配を連れて行くならここがオススメ。5人以上で行くならコースで頼むのも良い。

阿美《アーメイ》飯店《ファンディエン》
台南市政府の観光局の方々に
連れて来ていただきました。
こんなエエ店台南でははじめて!!
場所は台南の市街地にあるのですぐに行ける
人数は多めで行ったほうが楽しい。
メニューには日本語も書いてるので旅行でもオススメ。
やっぱエエとこは文句なしにウマイな!!
これはカニのおこわ
見た目のインパクトスゴイ!!
カニが食べたかったので飛びつく。
祝いの席などでよく出てくるらしい。
YAMASAKI TATSUYA
三色拼盤《サンスーピンパン》
前菜3種盛
下には丸ごと生のニンニクと人参
これをかじりつつ。
濃厚な台湾のソーセージ
しかし甘さひかえめだった
カニの団子
あまりカニっぽくなかったけど海の味がしてウマイ。
エビ団子を揚げたもの。
なんぼでも作る。
メニューは大小があるらしいので小人数でもOK。
砂鍋鴨《サーグオーヤー》
アヒルが丸ごと入っているすごい迫力。
どこがどないなってるかもうわからん状態。
スープがコラーゲンハンパなくトロトロでずっと飲んでいたい。
桂花干貝《グェイホァガンベイ》
これもゴッツイ美味かった!
ホタテの貝柱の炒めモン
貝柱の甘みと色々な具の歯ごたえと美味さ。
貝柱
タケノコ
玉子
シイタケ　ネギ
など
60年の歴史の
60年と聞いても

カニおこわは宴席で必ず出る台南らしいひと品。台湾産の材料のみを使った名物の砂鍋鴨はぜひ一度食べてみたい逸品。とてもじゃないけど食べきれないボリュームなのでみんな残ったらお持ち帰りしている。巨大プリンはデカすぎて笑った。

エビ料理の天国
エビ祭
活蝦之家《フォシャーズジャー》
西海岸《シー ハイ マン》
西海岸
前に三股に行った時に、大きなエビを食い逃してワーワーうるさかったので、ハナコが、こんな店あるでと教えてくれた。「絶対行きたい」と皆をさそって行った。
紹興酔蝦《サオシンズェイシャー》
基本エビONLYのお店。
ビジュアル的にも
100点の胡椒蝦。
発祥ではないけど、
台南でもいただける。
店内も日本のレストランに近いので
ここは台南初心者の友人たちや年配の方々を連れて来ても楽しめると思う。
illustration
TATSUYA HAMASAKI
LOVE Shrimp LOVE Tainan
薬味も
甘いのから辛いのまで。
自分で取ってこよう。
売りに来て買ったスクラッチ宝くじが気になる友人
緑茶とあそう。
ごはんはおかわり自由で自分で入れます
何回ここ往復したか・・・
お手ふきはテーブルにあるけど全く足らん・・・・・
剥いた指をなめつつ身をいただくと大変スパイシーでウマイ
台南のエビウマイ!!
殻はテーブルの上に直で置くが追いつかない。
そして手の汚れも追いかない・・・
ウェットティッシュ必須
残りのタレをかけたらなんぼでもごはん食べれる。ヤバイ
これが一番ウマイかも

お店情報

西海岸活蝦之家 P23 北區中華北路二段160號、11時〜25時。広々とした倉庫のような空間でおもっきりエビを楽しむ。ウェットティッシュ必須。

みんなにオマカセした
涼拌木瓜絲《リャン バン ムウ グウスー》
パパイヤの野菜的食べ方
めちゃ細く切っている。
野菜もありまっせ
腐乳空心菜《フウ ルウ コン シン ツァイ》
空心菜を、ミソみたいなタレでいただく。シャキシャキ。
エビは全てムッチムチ
きっとエビは獲りたて。
メチャミソ美味い。
蒜辣蝦《スワン ラー シャー》
ニンニクで炒めたエビ。タレがめちゃウマイ。
紹興酒で漬けたさっぱりした蒸しエビ
ワサビの甘ジョウユでいただく。
ゴマ油とショウガでとことん炒めたやつ
麻油蝦《マー ヨー シャー》
皆でホンマに倒れそうなホドエビを食べた
そしてけっこう安かった！
酒が進まんわけがないよね
もらった宝くじをこすっている
なんでかスイカのジュースがピッチャーで来たけど、これは自分で頼んだモノなのか？でも他のテーブルにもあった。サッパリでウマかった
エビはこうやってフチにひっかけるのがスタイルらしい
この胡椒蝦がここの大人気の名物料理
ミソがまた甘くてウマイ
スパイシーでさすがに美味い。
めんどくさいがなんぼでもイケる。
厨房ではこの胡椒蝦の壺が何台も焼かれている。名物料理だけあって、これは各テーブルのほとんどが注文してた。
胡椒蝦《フー ジャオ シャー》

エビ好きにはたまらないエビ天国。大勢でワイワイと楽しむのにピッタリ。スイカジュースの他にメロンや緑茶や紅茶はピッチャーで頼むことができる。瓶ビールもあるけど、エビとビールは痛風まっしぐらな組み合わせなのでほどほどに。

観夕平台は夕陽スポットだが特に週末は人が多い。しっぽり静かに夕陽を楽しむなら漁光島をオススメする。観夕平台と漁光島はすぐそこに見えてるのに直接行き来できないので要注意。

安平區にもT-bikeステーションがあるので、広く回るのなら自転車が良い。のんびり行くなら四草まで自転車でも可能（ただし水分補給は欠かさずに）。安平古堡付近から老街あたりは徒歩で十分回れる。

バイクでまわる七股海岸沿い

のんびり半日コース

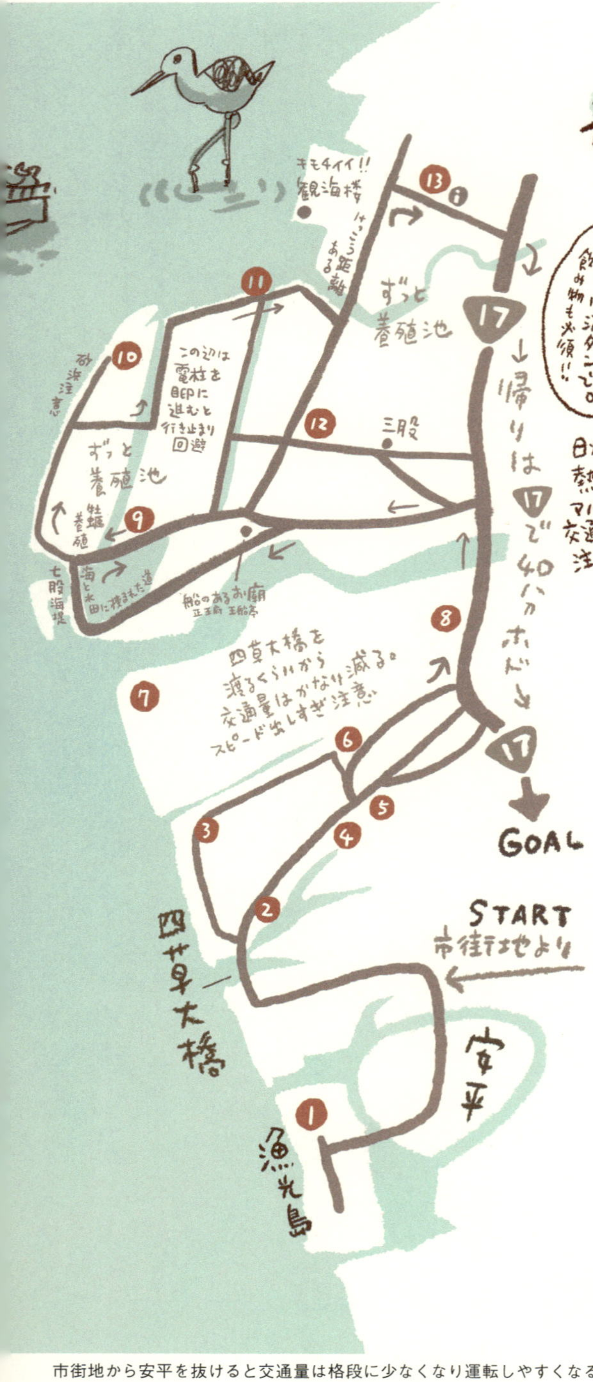

バイクレンタルで必要なもの

- □ 日本の運転免許証（小型二輪以上）とその中国語翻訳文（日本であればJAFにて手続き）
- □ パスポート

レンタルバイク屋は台南駅周辺に多くあるが外国人もレンタル可能かは店による。ヘルメットはバイクを借りると一緒に貸してもらえる。バイクレンタル料の相場は1日400元。まずガソリンが空に近い場合が多いので近くで満タンにしてから出発しよう。返却時に満タンにする必要はない。

市街地から安平を抜けると交通量は格段に少なくなり運転しやすくなるが、飛ばしているトラックなども居るので注意して。虫さされにも注意。ごはんやなどもほぼないのでそれも注意。

このページのスポットは全て P107

1 漁光島

漁光大橋でつながっている小さな島。浜辺は夕日スポットでもある。平日はほとんど人が居ない。市區バス2路でも行ける。

2 台江國家公園遊客中心

四草の自然と一体となったスポット(P150)。99バスでも行ける。

3 鎮門宮

鄭成功が上陸したとされる場所。四草大橋の際の道を海岸沿いに進むとここに出る。2階には鄭成功の母(日本人)が祀られている。

4 四草大衆廟と綠色隧道

ボートでマングローブのトンネルを抜ける綠色隧道は台南の名物。横にある四草大衆廟で一休み。休日ならば美食広場でお茶又は腹ごしらえを。市區バス10路や99バスでも行ける。

5 鹽田生態文化村

塩田の後が保存されている。この付近は野鳥の宝庫。かなりぼーっとできる。

6 鹿耳門天后宮

縁結びの神様、月下老人で有名。お祭りに当たると賑やかで楽しい。99バスでも行ける。

7 城西垃圾焚化廠

行く必要はないが、遠くからでも煙突が見えるので目印とすれば分かりやすい。

8 鹿耳門聖母廟

鹿耳門天后宮と同じく、月下老人で有名。成就したカップルの写真の数が凄い。

9 第一章鳥亭

クロツラヘラサギの観賞所。すこし東には生態展示館もある。99バスでも行ける(冬季)。

10 國聖港燈塔

台湾本島最西端の白黒の電波塔のような灯台。見晴らしは良いが、なんとなく寂しい景観がたまらない。

11 六孔碼頭遊憩区

第三賞鳥亭から國聖港燈塔を回り北提堤防沿いに行くと牡蠣の養殖が広がるこのスポットに出る。

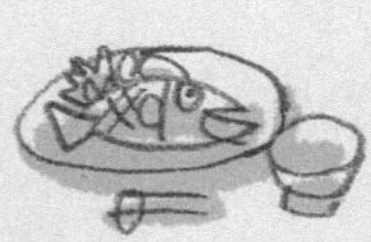

12 三股の海鮮屋地帯

海鮮屋が並ぶ地帯(P130)。

13 七股鹽山

大きな塩山がある有名なスポット。にがりコーヒー(P163)で一休みがオススメ。台灣鹽博物館と間違えないように。99バスでも行ける。

バイクに乗る時は日焼け対策をしっかりして。特に海沿いは日を遮るものがなにもないので下手するとヤケド一歩手前ぐらいまでいってしまう。乗せてもらう時は必ずヘルメットしましょう。(たまに「大丈夫」とか言う人がいるが絶対ダメ!)

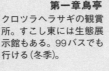

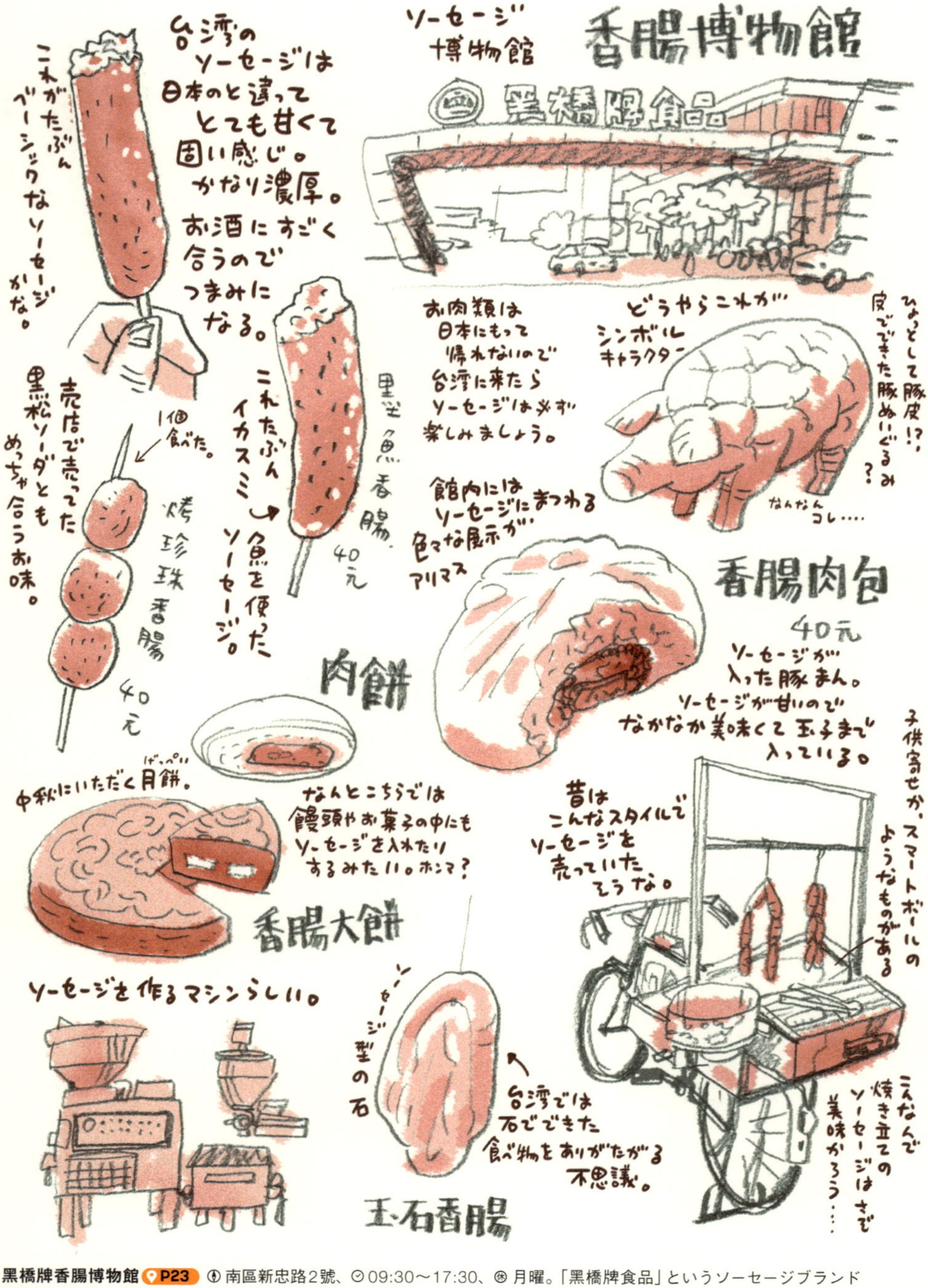

これがたぶんベーシックなソーセージかな。
台湾のソーセージは日本のと違ってとても甘くて固い感じ。かなり濃厚。お酒にすごく合うのでつまみになる。
ソーセージ博物館
香腸博物館
どうやらこれがシンボルキャラクター
ひょっとして豚皮!? 皮でできた豚ぬいぐるみ？
なんなんコレ….
お肉類は日本にもって帰れないので台湾に来たらソーセージは必ず楽しみましょう。
館内にはソーセージにまつわる色々な展示がアリマス
売店で売ってた黒松ソーダともめっちゃ合うお味。
1個食べた。
烤珍珠香腸
40元
これたぶんイカスミ→魚を使ったソーセージ。
墨魚香腸
40元
香腸肉包
40元
ソーセージが入った豚まん。
ソーセージが甘いのでなかなか美味くて玉子まで入っている。
肉餅
中秋にいただく月餅《げっぺい》。
なんとこちらでは饅頭やお菓子の中にもソーセージを入れたりするみたい。ホンマ？
香腸大餅
昔はこんなスタイルでソーセージを売っていたそうな。
子供寄せか、スマートボールのようなものがある
こんなんで焼き立てのソーセージはさぞ美味かろう…
ソーセージを作るマシンらしい。
ソーセージ型の石
台湾では石でできた食べ物をありがたがる不思議。
玉石香腸

黒橋牌香腸博物館 P23 南區新忠路2號、09:30～17:30、㊡月曜。「黒橋牌食品」というソーセージブランドの博物館。肉は日本には持ち込み禁止でお土産にできないけれど見るのも楽しい。微妙に中心部から離れているが、余裕で自転車圏内。

三章

郊外

阿婆水
色々なブランドから
出ていたサイダー。
現在ではもう
2つの製造所
のみ。
瓶がなくなると
もう作れないので、
お持ち帰り不可。
WAN NIAN FUN
萬年富
DRINK
利勝
萬年富
註冊商標
WAN NIAN FUN
200cc

台南市全域
大台南地図

市街地とは異なり
台南全域の見どころは
いくつも散らばってあるので、
各區の位置や主要駅など
おおよその場所を
知っておくことが大事。

台南市

台南市は37区から構成される

繁体字：臺南市

簡体字：台南市

日本語読み：たいなんし

英語：Tainan

漢語拼音：Táinán Shì

通用拼音：Táinán Shìh

ウェード式：T'ai^{2}-nan^{2} Shih^{4}

注音符号：ㄊㄞˊ ㄋㄢˊ ㄕˋ

片仮名転写：タイナンシー

台湾語：Tâi-lâm-chhī

総人口：1,879,647人（2020年2月）

戸数：696,737戸（2020年2月）

嘉義
P111 土溝農村美術館
P113 貳樓参倶樂部 2F3club
P111 菁寮老街
P123 和興冰菓部
P167 菁寮國小禮堂(中正堂)
後壁
後壁站
P111 蘭花園區
P140 鹽水武廟
P140 月津港
P147 新營阿忠豆菜麵
新營站
P89 サバヒー養殖所
P150 南鯤鯓代天府
P149 井仔腳瓦盤鹽田
P149 水晶教堂・北門遊客中心
P89 サバヒー坊や(虱目魚小子像)
新營
鹽水
柳營
台鐵(電車)
高鐵(新幹線)
北門
P111 頑皮世界野生動物園
下營
學甲
P135 嘉南里(八田與一紀念園區)
P135 烏山頭水庫(ダム)
P149 馬沙溝濱海遊憩區
將軍
P137 麻豆代天府
P137 麻豆老街
官田
P149 臺南藝術大學
佳里
麻豆
P149 青鯤鯓扇型鹽田
青鯤鯓朝天宮
P73 佳里中山市場
善化
P103 七股鹽山
P103 台灣鹽博物館
西港
P148 善化啤酒廠(ビール工場)
大內
善化站
南瀛天文館
P103 六孔碼頭遊憩區
慶安宮
P130 阿樂活海產
七股
安定
樹谷生活科学館
新市
山上
P103 國聖港燈塔
P122 河南冰莊
P121 西品便當
P167 臺南山上花園水道博物館
P103 鹿耳門聖母廟
安南
P148 國立臺灣歷史博物館
左鎮
左鎮化石園區
P85 永大夜市
P103 鹿耳門天后宮
飛虎將軍廟
新化
P167 新化街役場
P110 新化老街
虎頭埤
二寮日出
P103 鎮門宮
P103 四草大眾廟
P103 綠色隧道
台鐵台南
永康
P132 綠谷西拉雅
P103、P150 台江國家公園遊客中心
北
中西
安平
東
歸仁
P66 龍崎竹炭故事館
龍崎
台南市街中心
P144 阿裕牛肉
P151 千佛山菩提寺
P85 關廟夜市
南
仁德
P73 歸仁市場
P167 保安站
P148 十鼓仁糖文創園區
高鐵台南
沙崙站
關廟
文衡殿
P151 黃金海岸
P151 喜樹老街
台南空港
P148 奇美博物館
興達港觀光漁市

台南市全域
大台南バスMAP

大台南をまわるには
バスをうまく利用しよう。
前ページの大台南地図を頭に入れつつ
主要バスターミナルを知れば
隅々まで道はつながる！

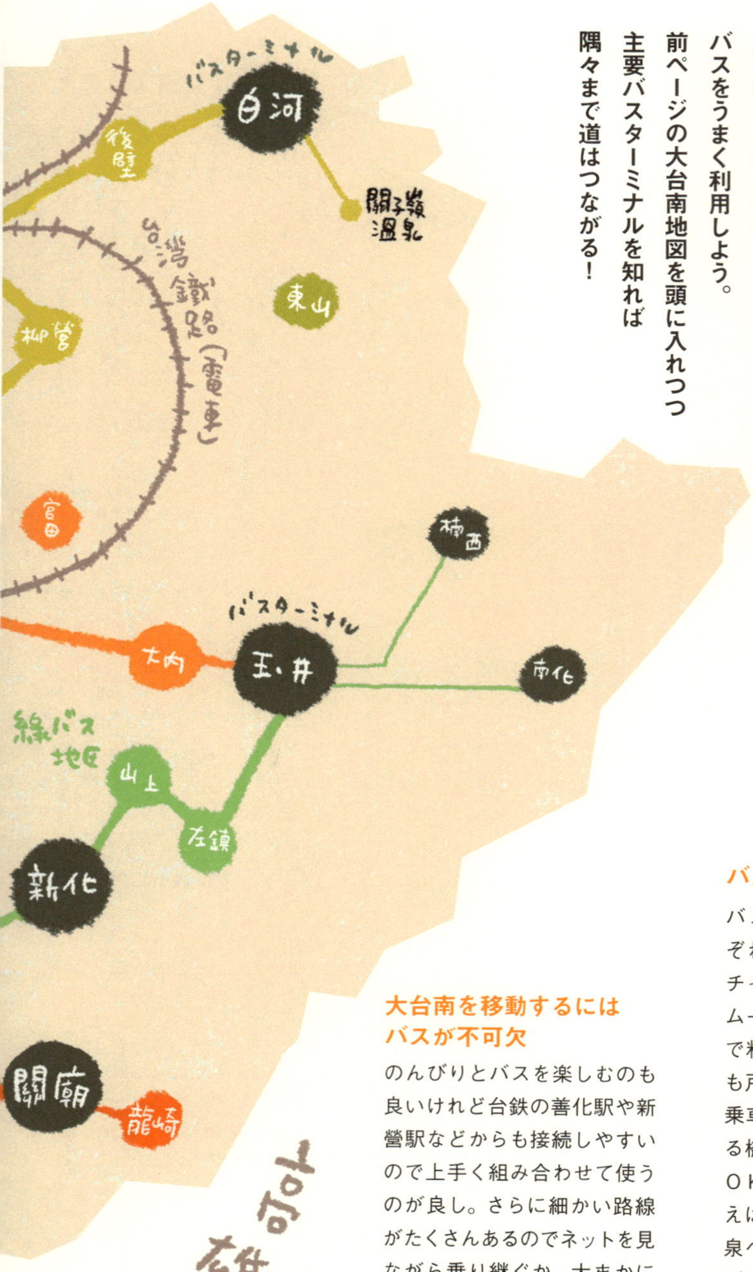

大台南を移動するには バスが不可欠

のんびりとバスを楽しむのも良いけれど台鉄の善化駅や新營駅などからも接続しやすいので上手く組み合わせて使うのが良し。さらに細かい路線がたくさんあるのでネットを見ながら乗り継ぐか、大まかに近くの場所まで行ってからタクシーを利用するのも良し。

バスは便利なICカードで

バス運賃は区間によりそれぞれなのでICカードにお金をチャージしておくのが一番スムーズで問題なし。毎回現金で料金を払うのは旅慣れてても戸惑うし、お釣りが出ない。乗車する際に運転席の横にある機械にピっとあてるだけでOK。降りる時も同じく。例えば台南北部にある關子嶺温泉へは台鉄嘉義車站からならバスで1時間で行けるので台南北部は、嘉義から行ったほうが早い。

公式HP「大台南公車-TAINAN CITY BUS」

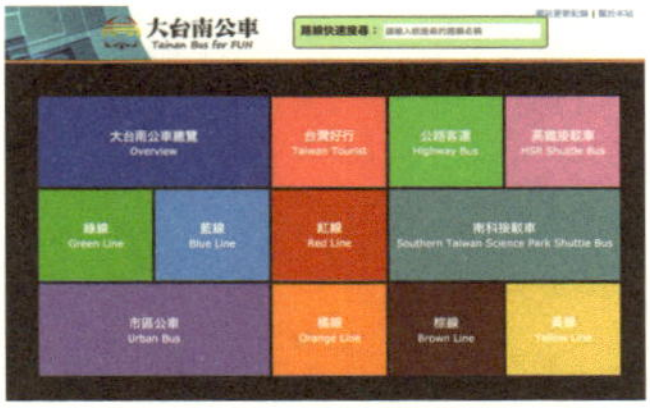

大台南公車-Tainan Bus for FUN

バスを使いこなすにはWebやアプリが必須。スマートフォンを使えば現在のバス状況もつかめるのでぜひとも活用したい。

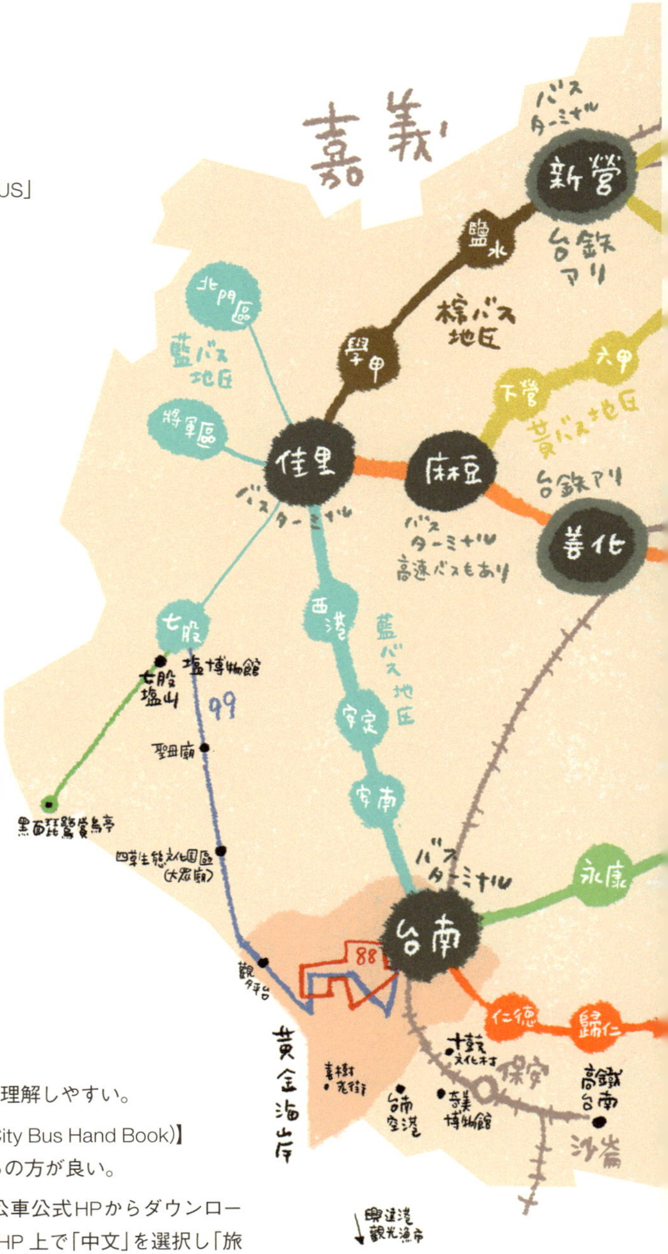

絶対オススメの台南バス本２冊

【大台南幹線公車經旅行手冊】
ビジュアルでどこにつながっているか理解しやすい。

【大台南公車路線手冊（2016 Tainan City Bus Hand Book）】
ある程度地図が理解できてたらこちらの方が良い。

2冊とも現在入手困難だが、大台南公車公式HPからダウンロードできる。（注：ダウンロードするにはHP上で「中文」を選択し「旅遊與其他資訊」→「下載專區」）

華子的專欄
ハナコラム

郊外のまわり方

台南市とは

いわゆる**台南**はコンパクトだが、台南市全体は**大台南**と言うぐらいとても広い。以前は全域が台南縣（県）だったのが2010年に台南市になり、新營市・永康市、7の鎮、22の郷が全て區になり、旧台南市の6区（中西區・北區・東區・南區・安平區・安南區）も加え現在は全37区ある。そのうちいわゆる**台南**である市街地は中西區全域とその周辺を指すのみ。

そう、いわゆる**台南**は**大台南**のごく一部にしかすぎないのだ。

郊外を結ぶ大台南公車

前ページの大台南バスMAPを見てもらうとわかるように郊外を満遍なく網羅している。大きく6色に分かれていてわかりやすい。MAPでは各色のメイン路線である幹線しか描いていないが、支線もたくさんありほとんどの観光スポットをカバーしている。

緑線

みんな大好きマンゴー！の郷**玉井** P106 （P138）へは市街地から緑幹線で行ける。玉井から緑20で吊橋へ行ったり、緑20-1で山の上のカフェへ行ったりもできる。市街地と玉井の間にある新化からも支線がたくさん出ており緑10、緑11で**原臺南水道** P107 （P167）へも行ける。新化はバロック建築が軒を連ねる**新化老街** P107 が見どころで、新旧問わず色んなお店で賑わっている。食べ歩きながらブラブラするのもオススメ。台南のめし屋でよく見かける東成醬油のお店もある。

藍線

この路線の使い方はまず市街地から藍幹線で佳里へ行く。佳里自体は郊外ののどかな街だが、そこからの支線がオモロイ。將軍區・北門區のサバヒー養殖池以外なーんにもないところをバスで走っていくのは、なんとも夏休み感がすごい。大好きな風景だ。

そしてなんと言っても藍1・藍2に乗ると北門區のマスコット**虱目魚小子像** P107 （P89）に会える！（ヤマサキ兄妹は勝手に「サバボー〈サバヒー坊やの略〉と呼んでいる）

棕線

台鉄新營駅を起点とし、ロケット花火祭りの**鹽水** P107 （P140）へはこの路線を利用する。藍線主要駅の佳里とも繋がっている。棕1では台南唯一の動物園**頑皮世界野生動物園** P107 や、大台南の有名観光スポットの一つである大きなお廟**南鯤鯓代天府** P107 （P150）へも行ける。（**南鯤鯓代天府**へは藍1、藍2でも可）

橘線

市街地から麻豆へは数路線あるが橘11-1が一番早い。橘幹線は緑線の玉井・台鉄善化駅・麻豆・藍線の佳里を結ぶ、大台南を横断する重要な路線だ。橘10と橘10-1は台鉄隆田駅とも交わる。映画『KANO』でもおなじみ八田與一氏の**烏山頭水庫（ダム）** P107 （P135）へは橘4・橘10で行ける。（黄1でも可）

黄線

台南最北部をカバーしている路線。**菁寮老街** P107 へは後壁駅から黄6で。土日祝のみ運行の黄6-1ではアートと農業を融合させた**土溝農村美術館** P107 へ行ける。黄幹線の新營と白河の間には毎年大規模な国際蘭展が行われる**蘭花園區** P107 がある。**關子嶺溫泉** P106 （P142）へは白河から黄12・黄13で。白河は蓮が有名でシーズンは6～8月。3～4月は木棉花という花が咲き、人気の観光スポットになっている。（後壁駅近くにレンタサイクル屋があるのでそこから自転車でブラブラもオススメ）

紅色

紅幹線は市街地と關廟を結び、支線は南部をカバーする。**奇美博物館** P107 （P148）へは紅3・紅4で。市街地中心部も

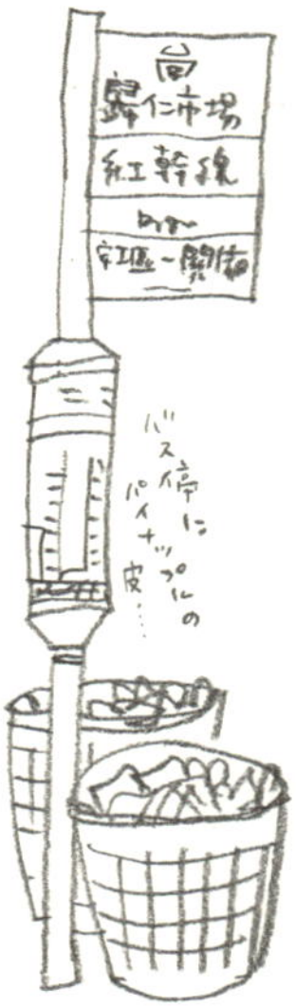

走っているので、タイミングよく来ればチョイ乗り利用にも使える。

郊外へ行く時の注意

　郊外へのバス旅予定を組む場合、台南市政府交通局のHP「大台南公車 TAINAN CITY BUS」をまず参考にしよう。そして非公式ではあるが「大台南公車 Tainan Bus for FUN」というサイトがすごく使える。各路線が地図上に書き込まれていてバス停も表示されているので解りやすい。グーグルマップの「経路」を利用するのも便利だが、たまに違う情報が出て来ることがあるので要注意。そして携帯に**大台南公車アプリ**を入れておき、PCと携帯とを同時に使いながら予定を組んでいる。

　バスを利用する際に一番重要なのは「帰りのバスの時間を調べておく」ということ。各幹線はともかく、支線は本数が少ない。そして平日のみ運行や土日祝のみ運行などイレギュラーな路線や便もあるので注意したい。

　台湾では連休にするために「補班」という制度がある。どういうことかと言うと、2017年5月30日（火）は祝日だったが、29日（月）も休みになれば27日（土）〜30日（火）の4連休になる。そのために本来なら休みである前週の20日（土）を出勤日（補班）にし、29日（月）を休みにする。すなわち連休を作るための振替出勤日があるということ。「何その制度ー!!」と初めて聞いた時はびっくりした。そんなん各企業ごとにやったらよろしいやん、と思うが政府決定なんですねコレ。そしてこれはバスにも影響してくる。補班の日は土曜日であっても平日ダイヤなのだ。補班の日とは知らずに土日祝のみ運行や増便している

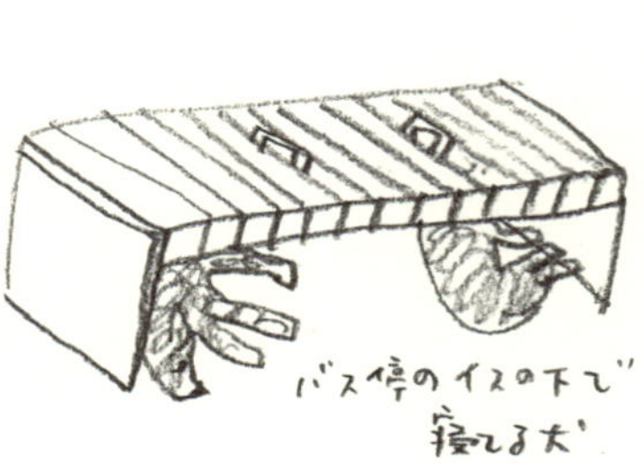
バス停のイスの下で寝てる犬

路線利用で予定を立てた場合、もうその日のスケジュールが全て狂う（兄はこのパターン経験者）。毎年変わるのでチェックしておこう。

郊外での宿泊

　大台南といえどもほとんどの場所は日帰りで行ける。ただ**關子嶺温泉**（P142）へはできればゆっくり1泊で行きたいところ。温泉地なのでホテルや旅館などたくさんの施設がある。**統茂溫泉會館**（P143）は大きな温泉施設で宿泊はもちろん、温泉のみの利用もできる。屋外エリアの様々なタイプのお風呂へは水着着用必須。基本的にはどの宿泊施設も各部屋に風呂がついているタイプがほとんどなので、宿泊する場合は水着の用意も必要なくプライベート空間でゆったりできる。

　毎年元宵節（旧暦1月15日）に行われる**鹽水蜂炮**（P140）に参加する場合、鹽水に宿をとるのが一番良いが徒歩圏内には1〜2軒しかない。2017年に参加した時は新營までの臨時バスが23時半まで運行しており、とりあえずバスに乗り込めたら到着するので新營に宿をとるのもアリ。新營から嘉義は終電が24時前で各駅停車の區間車でも30分ほどなので嘉義に宿をとる手もある。（新營から台南への終電は23時過ぎ）

　後壁の菁寮にある**貳樓參俱樂部 2F3club** P107 はオシャレな民宿で、2〜4人のグループで泊まるのに最適。オーナーオリヴィアの手作り料理が美味しく、のんびりと過ごしたい人にはオススメの宿。

　車で郊外旅行するなら車庫付きのモーテル「汽車旅館」が便利だ。一度泊まったことがあるが、ファミリー利用者が多いのか部屋がとても広かった。

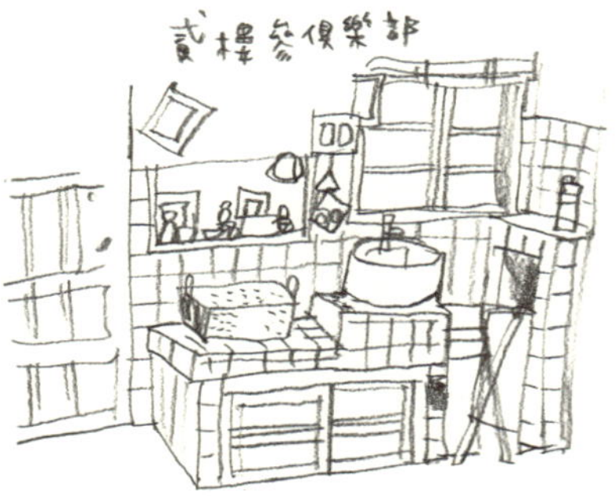

バス

旅行者にとって、台南を隅々まで移動しようと思うならバスは必須。使い慣れれば、一番色々な所に行ける交通。
色んな線で網羅する「大台南公車」
コンパクトに見ドコロを回る「台湾好行88.99線」
もちろん遠距離をタクシーや車が使える人はそれでOK。
バスもカードが使えるのでチャージしておこう!!
ピッ
台南でのバスの種類は、ざっくり大きく2種。台南を隅々まで網羅している「大台南公車」と台南駅を中心とした観光地を回る「台湾好行99・88線バス」
全域をカバーする
大台南公車
近郊の観光
99.88
台湾好行
台鉄台南站
まずこの2つの選択肢で使い分けよう
初心者は99・88バスがオススメ
最近は電光掲示板の表示も増えてきて、あと何分で来るのかが分かりやすくなってきたけど、基本、日本の時刻表とは違い、いつ到着するのかが分かりにくい表示になっている。
もう行った? まだかしら?
ゆえにロスなくバス利用するにはネットを使う。こちらのシステムはすごくて、現在バスがどこに居るか一目で分かる。これは大変便利。
↙大台南公車のHP。アプリもあるよ

バスを乗りこなすにはネット環境とアプリが必須。「大台南公車」の郊外とを結ぶ6色の「幹支線公車」はICカード利用だと8kmまで無料なのでこれをカシコく使うのも手。ICカードを機械にかざす時は必ず「ピッ」音＆画面表示されていることを確認して。

バス停で、バスが来たらアピールをしないと通り過ぎてしまうので注意。
ここまでせんでもOK
現金はややこしいのでカードをオススメします。
悠遊卡
ピ
のんびり台南の景色を眺めながらの移動が楽しい。
もちろんクーラーも効いてて、そしてなんとUSBでの充電ができる席もあったりする。
慣れてくると、アドリブでバスを乗り継いでのローカルな旅も思わぬ発見があり、かなり面白い。
ココなんもないな
バス利用のポイント
● ネットを使えるように
● スマホでバスのHPをブックマーク、アプリをダウンロードしておく
● 平日と休日でダイヤが全く違うので注意
● バス停で、最終バスの時刻を必ずチェックしておく
どこへ行けるか分かりやすい!!。
バスの路線の本も売ってるので、これを買うのをオススメします!!
大台南公車
バスMAPのページで紹介してます
バスの乗り場は台鉄の台南駅前に集中してるのでここをスタートで考えるとOK
ロータリーの向い側ね!

台南駅前のロータリーにあるバス停は北と南にバス停が分かれていて、いつも人でごった返していて解りづらいので台南駅から1個ずらしたり他のバス停から乗る方が確実かもしれない。バスに乗ってGPSで現在地を確認しながら地図を見るのが個人的には楽しい（でもすぐ酔う）

めし屋では

台南のグルメには誇りを持ってる台南の人々。
グルメの台南
これ茶化したらシャレならんで!!
ここら辺ちょい京都的
だって台湾の食のルーツはこの台南なのだから!!
あのさー鍋焼意麵の、ウマイ店を教えてほしいんやけど
なんてうっかりオススメの店をたずねたりなんかしたら……
それならあの店とあの店……
いやコッチのあの店のほうが
しもたやってしもた!
どっちもないわー
グー
それでも本当のオススメは人気店になられても困るのでみんなしっかりと自分のフィールドを守ってるらしい。
音を立てて麺をすするのは日本人独特なので注意。
碗を持ち上げないこともね。
ズルズル
あっ!!
そして男性でもつまようじは隠して使用。
ハッ!
あかんのか!

「本当に麺すすって食べるの?」と聞かれたのでやってみせたら「すごーい!」と言われてしまった。台湾人に限らず、海外の人は麺をすする行為そのものができないらしい。(マナー的にアウト等の理由で「したことがない」のかも) 台湾式にレンゲやスプーンを使って麺を食べるのも慣れるとアリ。

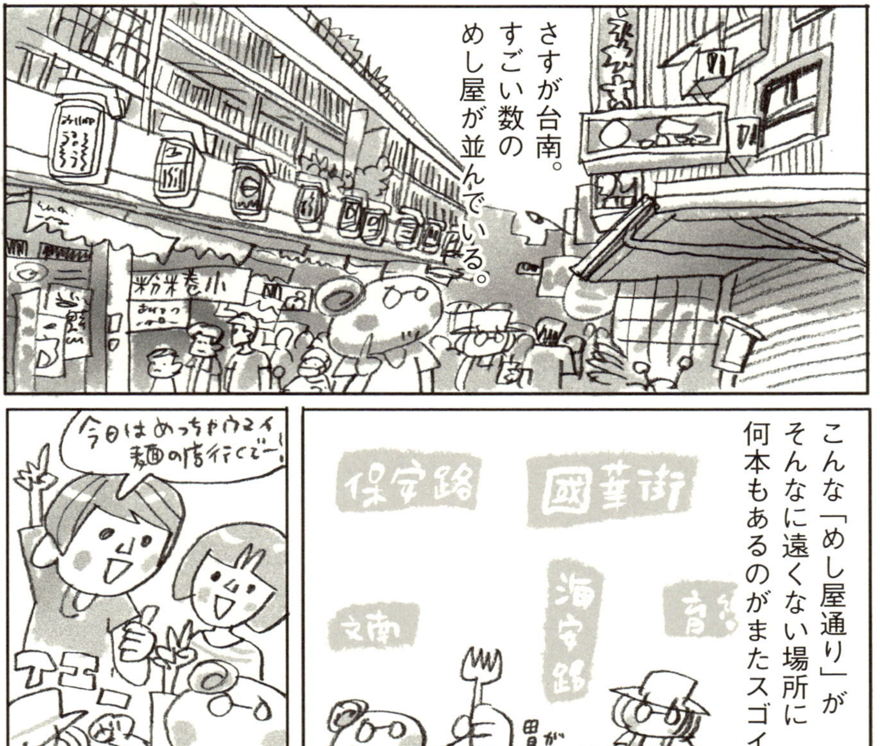
さすが台南。すごい数のめし屋が並んでいる。
こんな「めし屋通り」がそんなに遠くない場所に何本もあるのがまたスゴイ。
保安路
國華街
海安路
胃が足らん!!
今日はめっちゃウマイ麺の店行くでー!
定休日以外でも休んでることが多いのは台南あるある。これは覚悟しておこう。
閉まってるかー
あかんわ
残念!!
Okら～

臨時休業にあたることはしょっちゅうで、営業時間や定休日の変更も多く、これぱっかりはこまめにお店のFBをチェックしてもらうしかない。FBがないお店は運に任せるしかない。たまに「旧暦（農暦）の毎月何日は休み」という日本人的には馴染みがない定休日の店もある。

めし屋での注文の仕方
たいていの店にはメニューの紙があり、ここにチェックを入れて渡せばOK。
席番号
テイクアウトかここで食べるか
店によって、先払いか後払いかこれは色々。
……
？
そんな時はジェスチャーで乗り切る。
おどろくのが店の中に全く関係ない売り子さんが入って来ることがある。
野菜やら惣菜やら。
スクラッチの宝くじを売ってることもあり！ これはけっこう盛り上がる。

だいたいのお店にはオーダー表があるので、中国語がわからなくても漢字の雰囲気でなんとなくわかると思うし注文もしやすい。数量は正の字で書き込もう。オーダー表がない場合は紙に食べたいものを書いてお店の人に渡せばOK。なので必ずメモとペンは持ち歩いておこう。

あまりにも滞在しすぎると
何を食べたら良いか
わからなく
なって
くる……。
そんな時は
グー
セルフサービスの
お店に行くのが
オススメ。
品も量も好き好きに選べ
見てるだけでお腹が鳴り出す。
これ なんやろ。 一口だけ 食べたろ!!
その場で食べることはモチロン、
弁当で持って
帰ったりもできる。
弁当
100元ホド
その場で
しかしお持ち帰りの場合、
スープは
ビニール袋に入れたりが
多いので
少しハードルが高い。
慣れてない…
多少の文化は
違えど
碗粿
わ!! 立ってる!!
色々な違いが
あってオモシロイ。
なんとか なるので 気になっ たら 飛び込んで みよう
ボクもビビリだけど その方が面白い。
グー

セルフタイプの店は、選んだおかずの数によって値段が決まるタイプと、重量で値段が決まるタイプなどがある。どのおかずがナンボの表記はない。鶏や豚よりも魚を選ぶと値段が上がるとは台湾人友談。お持ち帰りして空調のきいたホテルでのんびり食べるのもヨシ。

店によって色々な調味料。

つかいまくる

辛いのもあるので注意してね

豬腳花生湯《ジュージャオホァセンタン》

骨つきの豚足がゴロゴロ入ったスープ。
ピーナッツ
パクチー
薄い味付けだけどコクがあってウマイ!!

結構なボリュームがあるので、2人で1つがオススメ。

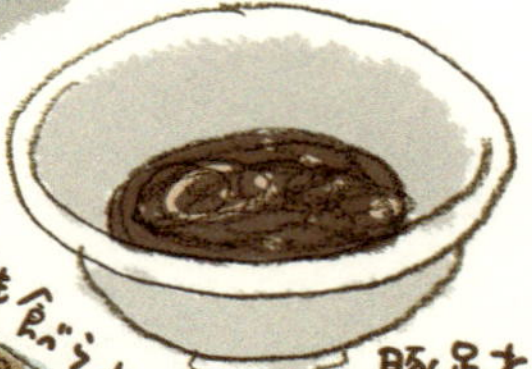

豚足をタレにつけていただいてもGOOD

麻豆碗粿《マードウワングォ》

麻豆の名物(台南市街地でも食べられる)

ごはん茶碗にグラタンのようにみっちり詰まって登場。初めて見た時はなんじゃコレはとインパクト大。
簡単に例えると、大根餅をお碗で蒸し上げたようなモノ。

ぷりんぷりんしている。まさに練りモン。

豚・干しエビ しいたけ・玉子 フライ玉ねぎ こまごまなんかいっぱい入っている。
詰まっているのでけっこうなボリューム

こうやっていただく発想がユニーク。

また食べたくなる食感

米粉でできている

2つの店で食べ比べてみました。
違いがあんまりわからんかった…

日本のとちょっと形が違うかな。

これも麻豆名物

文旦

中秋の時期になると麻豆の街は文旦だらけになる。

お店情報

碗粿蘭 P136 麻豆區中山路179之8號、6時半～19時。麻豆では**助仔碗粿** P136 麻豆區中正路29號も有名。市街地の有名店の**富盛號碗粿** P25 中西區西門路二段333巷8號とはまたちょっと味付けが違う。

魚がカワイイ!!
市場からすぐ近く
西港慶安宮
揚げてから、更にトロトロに煮込まれた豚からあげ。
ウマーイ!!
紙のお皿で来ます
プリプリのエビのフリッター揚げ立てこれはウマイ。
キャベツ
細切りのにんじん茹でたやつ
ジャキジャキの高菜みたいなん
白めし
けっこう甘いあんかけ
外でオカズを煮込んでいた
蝦《シャー》仁《レン》爌《コン》肉《ロウ》飯《ファン》
西港市場の中にある。かなり人気のごはん屋さん。お昼営業。お昼すこし前なら行列にハマらなくてオススメ。
この日のスープはたけのこ 玉子 ネギでした。
かなり薄味のスープ
台湾のタバスコ
テーブル上のソース
スープは自分で入れて。
郊外ながらかなり美味かったのでまたこのためだけに行きたいお店。

 お店情報

西品便當 P107 西港區慶安路59巷17號、10時半～13時、㊡旧暦の毎月17日。爌肉は豚の角煮のようなやつではなく揚げている。ここでしか食べられない逸品。

西港の「西港慶安宮」の屋根には鯉が居るよ。
西《シー》港《ガン》
西港へは台南の駅前からのバスの藍色の佳里行きので行けます。
300年の歴史のお廟・西港市場のすぐ近く。
昔ながらのアイス屋さん
河《ハ》南《ナン》冰《ビン》荘《ジュアン》
60年老店
昔ながらの新聞紙に包んでのお持ち帰り。
店内もなんか懐かしいマシンが。
このモニターでおかあさんが日本の曲のカラオケをしてた。
アイスを入れてる所がレトロ
隣にも同じアイス屋さんがある。
日本人でも懐かしいお味
なかなか溶けないアイス
紅茶冰淇
紅茶（アイスティー）に四菓冰と同じアイスが浮いていてこれもとてもウマイ!!
四菓冰
・小紅豆
・大紅豆
・花生
・軟糖
他にもパパイヤなど。
四つの味が入ってるアイス
もっとそれ以上入ってるよとのこと。
つくり立てをいただいたけど生クリームのようでおどろいた
日本のカラオケ好きのおかあさん。日本人である私の訪問をとても温かく迎えていただきました
他にも色々あるよ。
古早味
入れモンもとても可愛い。
中心部から少し離れてるけど、バスですぐなので、ぶらりと散歩に来てみたら。
ベースは昔ながらの少しバナナ味の、シャーベットに近いタイプのアイス。
お持ち帰り用の大きいサイズはビニール袋入り

お店情報

河南冰荘 P107 西港區中山路298號（藍幹線「西港」下車すぐ）、7時～22時（変動あり）。氷というよりトラディショナルアイス。隣にも南風冰菓室という同じような店がある。

和興冰菓部《ハーシンビングォブウ》
ノスタルジー感じる
昔なつかしの
アイス屋さん。
台湾には
こういった店が
たくさん残ってるけど
後壁區の菁寮老街にある
このお店の雰囲気は
それが際立ってる。
このメニュー表も
モダンで良い。
めっちゃ木のテーブルとイス。
奥で
作ってる
練乳ドバー
下にはホクホク食感の
小豆。
スプーンがまた
レトロ
紅豆《ホンドウ》牛奶冰《ニョウナイビン》
なぜか
バナナ的な
味がする
昔ながらの
シャーベットの
ような
アイス
四菓冰《スーグォビン》
パパイヤの
蜜漬を
細切りに
したやつ
ドライ
フルーツ
小豆
アイスが出てくるマシン
ここから
ウニョウニョと
アイスが出てくる。
お持ち帰りは
新聞紙に
包んでた。

台南めし　あまいもん

お店情報

和興冰菓部 P107 後壁區菁寮里46號（台鉄「後壁」駅から黄6、黄6-1で「菁寮」下車）、9時～17時、㊡月。昔この辺でデートするのはこの店でが定番だったそう。

台南に来たなら コレでしょう。

玉井

阿《アー》月《ユェ》芒《マン》果《グォ》冰《ビン》 雪《シュエ》花《ホァ》芒《マン》果《グォ》雙《シュアン》響《シャン》

これは
フルーツ好きには
たまらん
でしょ

マイルドな甘さの
マンゴーアイス

どのパーツから
攻めて行くか
悩むところ

これぞ台湾の
アップルマンゴー
たくさん

どちらも
「小」を２人で
いただきました。

かりっとしてて
すっぱい。

マンゴーの氷は
日本でもおなじみの
「マンゴー味」な味。

マンゴーカキ氷食べ比べ

どちらのマンゴーも
口の中で果汁が
ぶっしゅ──。
これは贅沢

有《ヨウ》間《ジェン》冰《ビン》舗《プウ》

実を言うと
フルーツが
あまり
得意では
ないの
だが
ウマイ！

練乳かけほうだい

氷は
あんまり
甘くないので
マンゴーが
ひき立つ。

「ウチのは
香料を使って
ない」と比べる用
に、香料入りのも
くれた。→

もっと少なくて
ええのに
ぎょうさんくれたる

お店情報

阿月芒果冰 P106 玉井區中正路135號、**有間冰舗** P106 玉井區中正路152號。この2店は玉井の超有名店。マンゴーの郷で食べ比べ。旬の時期に行こう。

玉井區農會《ユウジンチュウノンフェイ》
熱情小子《ルーチンシャオズ》
芒果冰館《マンゴオビングァン》
玉井の
農協がやってる
マンゴーを使った料理などが
楽しめるレストラン。
芒果《マンゴオ》
玉井の
ハジケキャラ。
マンゴーくん
マンゴー
ビール
まさに
ビールに
マンゴーを
入れた味
甘くはない
氷が
入ってた。
普通に
美味しい。
暑い日には最高!!
紅茶、
セットの
ひとつ
マンゴー
スムージー
かなり濃厚
ほんまのマンゴー
そのまま。
芒香黒胡椒猪柳飯《マンシャンヘイフー ジャオ ジューリョウファン》
茹でブロッコリー
洋食っぽい
船形の
ごはん
玉子焼
マンゴーの
漬けもん
みたいなん
キューリの
ピクルス
マンゴー
ちょっと
すっぱめ。
豚肉と玉ねぎの
塩ダレ的な炒め。
黒コショウでスパイシー
オシャレなプレートランチ
マンゴーと豚肉の炒めもんは
違和感はなくマッチして美味しい。
台湾の香りが
ほんのりする ワカメスープ
玉子入り
熱情小子

お店情報

玉井區農會熱情小子芒果冰館 P106 ㊟玉井區中正路139號、㊡ 毎年11月から3月は月曜定休。
老街玉井でもかなりカジュアルな店内で気軽に入れる。他にもマンゴーを使った料理がたくさん。

注意すべきこと

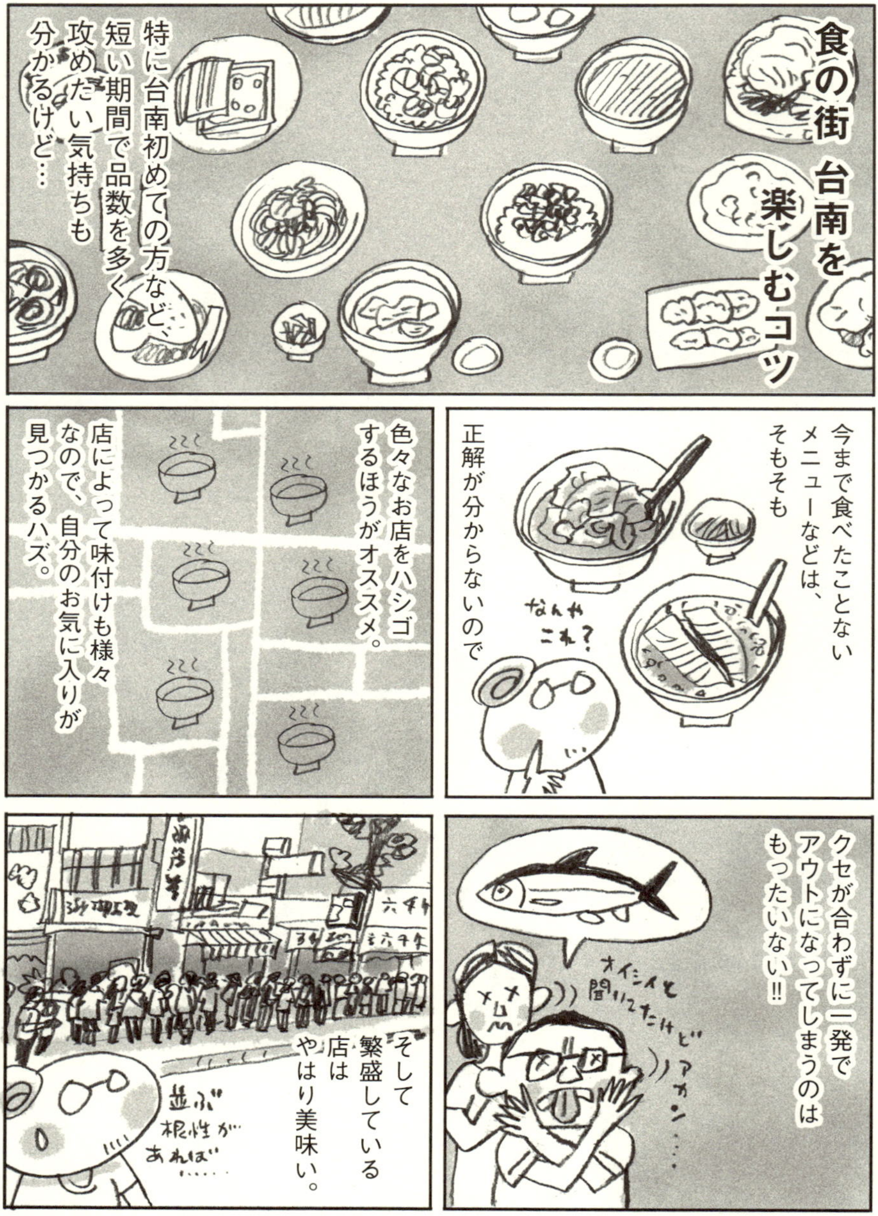

食の街 台南を楽しむコツ
特に台南初めての方など、短い期間で品数を多く攻めたい気持ちも分かるけど…
今まで食べたことないメニューなどは、そもそも
正解が分からないので
なんか これ？
色々なお店をハシゴするほうがオススメ。
店によって味付けも様々なので、自分のお気に入りが見つかるハズ。
クセが合わずに一発でアウトになってしまうのはもったいない‼
オイシイと聞いてたけど
アカン…
そして繁盛している店はやはり美味い。
並ぶ根性があれば……

個人的に正解がわからない食べ物の代表は肉圓（台湾語：バーワン）と碗粿（台湾語：ワーグェ）。決して美味しくないわけではない。虱目魚（台湾語：サバヒー）はクセがある、生臭い、見た目がグロい、と敬遠する人がいるけど個人的には大好きです。美味しいのよー。

台南で困った時はココ。
小北百貨
台湾のいたるところにあるチェーン「小北百貨」。
ここはなんと24時間営業。
緊急に必要になったモノや日用品、食料品までもあり、お土産なんかも、ここで探すのも面白いし安い。
←台湾のお弁当箱
日本から全て持って来るのではなく、こういう店で現地調達も楽しいイベントの1つ。
さらに女性用コスメが充実したバラエティーショップもある。
POYA
ボクは下着などこういう店で買うよ。
面白い日本語が表記されている商品が多いのもこういうお店。
日本との物価の違いを知るのも面白い。現地の人々の日常に触れられるのはこういう場所。見かけたら入ってみよう。
こっちめっちゃ色々オレオの味あるよな。

この他にドラッグストアの屈臣氏Watsonsや康是美Cosmedもよく利用する。スーパーのお菓子やインスタント麺コーナーでは他アジア地域のものも多く、台湾のものと思って買ったのに違うやーん！　てことがたまにある。「漢字表記＝台湾の」とは限らないので油断しないで。

台南での最大の注意はなんといっても虫。
なにこれめっちゃデカイやん
ひぇ～
形も全く日本のとちゃうやん。めっちゃ貝やん
雨上がりには大きなカタツムリがいっぱい出てくる。
（触ったらヤバイらしいので注意して）
そしてよく踏んでしまうので気を付けて。
特に芝生の中とか。
そして「蚊」
南国台南、ほぼ一年中飛んでる。
蚊はデング熱の原因にもなるので台南市政府も対策を立てているけども
刺される時は刺される。そしてこちらの蚊に免疫がないので、やられると異様にかゆくて、異様に腫れる…。
なぜかいつも俺ばかり刺されるので つらい…
あまりデリケートに考えなくて良いけど、刺されやすい人はほんと長袖着るなどして対策すべし。
あついけど…
さらにやっかいなのが蚊よりも小さいこいつ
『小黑蚊《シャオヘイウェン》』
ゴマより小さい
コイツ
郊外はもちろん都心部でも緑のある所には遠慮なく居る油断ならん奴。

不注意で何度かカタツムリを踏んだことがある。その後しばらく落ち込む。2015年に台南でデング熱が大流行し、友人たちも罹患したり、罹患者が出たらその地域一帯を消毒しないといけなく、家の中を保護シートで覆ったり大変そうだった。翌年からは落ち着いている。

郊外の西拉雅《シラヤ》集落の屋外レストランでお昼をいただいた次の日のこと。
siraya
ギョッ
その足なんなん!?
やられた時は気付かなかったけど、両足で200カ所以上の被害。その後痒いのなんのって。痕もなかなかひどかったので、半年ほど人前に足を出せない悲惨な状況になった。(今でも軽いトラウマ)
自主規制
薬局には小黒蚊用の虫よけも売っているので
小黒蚊用
緑の多い所に行く場合は買ってスプレーしておこう。
少し都心から離れるだけで自然のワイルドさを体感できる台南。
自然区の野鳥の種類も、見ドコロやけど……
近くともここは海外……。
welcome Nature!
しかもこんな多く
ヤスデなんか初めて見たわ……
ヒアリも普通に居るよ。
注意しながら満喫しよう!!

この時の兄の脚は草間彌生の作品ばりに水玉模様になっていた。私も足首回りをやられた。もうあんな思いはしたくない。カサカサ動く黒光りのアイツは、茶色っぽく頭がクッと傾いてて強くて速そうでそしてよく飛ぶ。以前コンビニの中で飛んでたことがあった。恐怖。

もちろん初めての場所。
山のような海鮮に
狂喜!!
三股《サングウ》
ゲームしてる。
たぶん家族で
カキの取り分けをしてる。
子供も
ちゃんと
お手伝い。
この辺には
海産のお店が
たくさん
集まっている。
ちょい食いも
OK。
日本から もって来た 醤油やマヨネーズ。
台湾のマヨネーズは甘いので今回はコレもためしてみました。
この時初めて
いただいたハスの
茎部分。これ、
歯ごたえも良く
メチャメチャウマイ。
シャキシャキ
台湾なら
けっこうどこでも
いただける
くるりん
ちまちまと
つまようじで
貝を取り出すのも
楽しいけど、これが
途中で切れたり
するので
ムズカシイ。
タレが甘くてハード。
サラサラのチリソース的
ソース付き
お店にも
ワサビやら
ショウガ、ニンニクやら
色々な調味料が
完備されてるので
チャレンジ
してみよう
台湾では おなじみの
「緑竹筍」っちゅうタケノコの仲間
お味はまさにそれ。
台湾マヨネーズで
いただくのが
一般的。
ほさきが
とても
柔らかく
ここも
ウマイ。
お刺身的に
いただくのが
基本ぽい。
ここで醤油がまた
大活躍する。
店の前が水槽になってて
ここで泳いでる魚介類を選ぶ。
もちろん自分は
見てる
だけ。
見たことない
魚とかもたくさん。
日本では
見かけ
ない
柄の
貝は
こっちでは
よく見る。
あさり的?
お酒で
味つけして
炒めてる
ような
お味。
ダシの汁が
とてもウマイ。
米が
進む進む。
模様の違う貝殻は
なんか異世界の気分。

お店情報

阿樂活海產 P107 七股區三股里橋頭（七股鄉二號橋）118號對面、10時～19時。海鮮の天国。店前で売ってる魚介類も魚市場的で楽しい。

阿《ア》樂《ラー》活《フォ》海《ハイ》産《ツァン》
おねーさんが山盛りのお皿をもって来る度に歓喜の声が上がる。
台南の友人らが三股まで連れて来てくれた。
おっちゃんが店前で豪快に魚のウロコを取ってる。
バケツ→
ハダシ→
テーブルにあふれんばかりの魚介類が!!
この日はもうええで言うホドの快晴
これより大きなエビもあったんだけど直前で売り切れ残念!!しかしコレもうまかった。
人気店で人が多い。中はクーラー効いてるよ。
冷気開放
代客料理
カニだけでも数種居てたのでデカイのをチョイス!!
魚もエビもチャーハンも全員でたらふく食べて満足
8月に来た。暑かった一
ここらへん食べにくいけどミソ多し。
台湾でカニが食べたかったのでテンション上がった。
カニの爪
カニは卵がたっぷり入ってた。なんと1匹300元!!これは日本円にしても相当なモン。本体はもちろん爪にまで身がギッシリ。
バリバリ行こう。

佳里から藍21,22、市街地からは藍23バスで終点「九塊厝」で下車し徒歩18分。タクシーで行った方が手っ取り早い。
七股區には七股の他、三股、五股、九股があるらしい。

シラヤ族の衣装を見せていただいたり楽器を演奏していただいたりしたよ。
この集落の長。料理のことも色々とお聞きできた。
台湾の森で注意すべきは「小黒蚊」これにかなりヤラレタ。
色んな場所に連れてってくれた台南の観光局の皆さま。大変お世話になりました。
みんなで料理をいただきました。
緑谷にハイキングに来た人たちがここに立ち寄ったりするそうな。
YAMASAKI
トウガラシ
ネギがかなり粗切りで乗ってる。
チンゲンサイの茹でたの
鶏肉と苦瓜の塩スープ ちょっと苦めでイケる!!
台湾では超メジャー愛玉のデザート
味はあんましないけど涼を取るのにとても良い。これをいただきつつ今回の食事の余韻にひたる。汁はほんのり甘い。
ヘチマの天ぷら
果肉がスゴくプルプルしてみずみずしい。すぐ水が出てくるので早くいただく
もちろん白メシも何杯もいただきました。本当にお腹イッパイ…
そこら辺のカタツムリを炒めた料理。歯ごたえはコリコリして貝の味で、香料ニンニクがスゴイ。台湾バジルも入りまくってる。
いわゆる大根餅。何も入っているらしい。表面がカリカリしていて大変美味い。
マジックフルーツ
砂糖?
スープに入ってたゴーヤ(苦瓜)のベイビー。丸くて可愛い。
ニンジン
白菜のあっさり炒め。ほぼ野菜の甘味のみ。
台湾のカタツムリはカラの形もちがうしでかい。
雨上がりの草むらにめっさいてる。

緑谷西拉雅 P107　ⓘ新化區中興大學國家植物園附近（新化南168過7km 處左轉）。料理は要予約（06-580-1217）。緑の中なので虫除けは絶対に持っていって！　それか長袖長ズボン！

お店情報

緑
谷
西
拉
雅
Green Valley Siraya
「シラヤ族」は台湾原住民の1つ。
「緑谷西拉雅」(Green Valley Siraya)には
昔、シラヤ族が作っていた生活用品などが
展示されています。
なんかオモロイ木のオブジェ
楽器とかもあるよ。
食堂の上には
木がおいしげり
なんと
フクロウちゃんが
居ました
めっちゃ腹へった!!!
正直めっちゃ楽しみにしてました
西《SHI》拉《RA》雅《YA》族
柔らかく煮た物
日本の大和煮の缶詰のようなこってり味
ちょい酸っぱい竹の子
しなちくのような 漬けモン
大きいたくあんのような 切り干し大根
もちろん
地元産
わらびみたいな山菜。
台湾の甘いマヨネーズをからめて食べる。
噛んでると
ねばりが
出て来て面白い
原住民料理でよく出てくる塩漬けした豚肉を焼いたやつ。
これメチャ好き
わかめ煮。
甘酸っぱくて
パプリカの
アクセントで
見た目も
美しい。
パクパク
いただいた。
デザートで
いただいたレモン。
この実を食べてから
レモンを
食べると
全く酸っぱく
ないと聞いて
試したけど
やっぱり
酸っぱ
かったよ。
COFFEEも
いただきました。
冷たくて
助かった
森の中で
楽しむ
コーヒー
初めに出て来た
のがちまき。
肉・しいたけ、
ピーナッツで
けっこう脂っぽい
熱々で葉が
むきにくかった。
台湾のお味。
どうやって包んで
いるのかかなり
複雑

新化から緑13バスで約30分の「風窗」で下車。そこから徒歩13分（約1km）。新化からタクシーで20分ほど。ここから山登りに入る人もけっこういるらしい。西拉雅族は中央政府認定ではないが台南市政府認定の原住民族。※台湾での呼び名を優先し「原住民」と表記しています。

10月の頭頃からはコレ!!
處《チュー》女《ニュウ》蟳《シュン》
お値段はなかなかだけど日本でいただくよりはまだお気軽
ビールもイイけど
分解茶
この時期しか食べられないまだ交配する前の雌蟹のカニミソはねっとりと詰まっている。
台湾の鉄のお箸でガシガシ身やミソを取りまくるのはとても爽快。
ガシガシ行こう!!
ヤバイ これはかなり日本人的には贅沢なカニだ!!
手はすごくカニだらけになるけど全くOK!!
でかいツメ
お鍋や他の海鮮と一緒にいただいたりします。
取り逃したくないこの切なさ。
茹でる前はこんな色。
處女蟳は当たり外れも多いらしいので地元の人に店を聞いて行くのが良いと思う。
若きカップルのカニDayにおじゃまする。
モクモクとカニを食う!
カニ最強!!
今どこですか? カニ食べに行きません?
誘ってくれた蘇さん
行くー!!
みんなでお鍋をつつきながら
ごちそうさまでした——!!

10月頭頃しか味わえない逸品。台南では安平などの海鮮専門店で食べられるが、事前予約が必要なことが多い。お値段もそこそこする。台南から高雄に入ってすぐの興達港（市區公車1、77-2（土日祝のみ）で行ける）でも食べることができる。

水庫内が広すぎるので
タクシーがあれば回ってもらうのがオススメ

烏《う》山《さん》頭《とう》ダムへ行く。

烏山頭ダムは大きな
自然公園になっているので
天気の良い日にのんびりと
ハイキング気分で。（結構歩く）

ダムの横の「八田技師紀念室」には
当時の資料や日本語の
ビデオでダムのことを
知ることができるよ。

バスでの行き方
- 善化轉運站→「橘4」「橘5」
- 隆田火車站→「橘10」
- 林鳳營火車站→「黄1」

八田與一 水利技術者

1886－1942．石川県出身．

この烏山頭ダムを構想，建築した
台湾で一番有名な日本人。

ダム建設の
様々な困難に
熟考する
與一氏の
姿が
像に
なった。

與一氏と
妻の
外代樹さん
想像図

八田一家が
当時住んでいた
家も，この公園に
復元されている。

「小学館版学習まんが」
にも「八田與一」が
あります。

嘉南《かなん》大圳《たいしゅう》をまとめたこの烏山頭ダムは当時アジア最大でした。

ついに!! ダムに連れてってもらった。
ここはぜひにも来たかったので，ちょい
感動した。めっさでっかいカタツムリが
いてキモかった。

この後，もたれた
手すりに鳥のフンが
ついてTシャツに
べったりついた。

烏山頭水庫

（USANTŌ 烏山頭ダム）

1930に日本人の八田與一《はったよいち》が建設した
当時アジア最大の貯水量のダム。
嘉南平野の農業に大きな役割をはたす。
別名「八田ダム」。台南にアリマス。

八田先生もダムも出てくるよ！
DVDでも
観れます。**KANO**

この映画を観ると判りやすい。

烏山頭水庫（ダム） P107 善化から橘4バス、麻豆・隆田から橘10バス、新營・林鳳營から黄1バス。**嘉南里（八田與一紀念園區** P107 善化から橘5バス、麻豆・隆田から橘10バス、新營・林鳳營から黄1バス。烏山頭風景區へは大人200元。8時～17時半。ダム周辺は広いので嘉南里下車で八八田自行車でレンタサイクルするのがオススメ。

麻豆MAP
バスターミナル
麻豆轉運站
電姫戯院
夜市(月曜)
P120
助仔碗粿
中央菜市場
P73
この辺一番市場
麻豆代天府
かなり歩く…
メインストリート
碗粿蘭
P120
P52
85C
カフェ
消防局
文化館
ぶらり
麻豆
文化館の前に居る
文旦君
MADOU
台南市街地から離れた、
古き良き趣が残る街 麻豆。
中央菜市場
この辺は
朝市も
スゴイ。
日本の文旦とは
ちょっと違う。
味もさっぱり
麻豆は「文旦」の
産地でもあり。秋になると
街は文旦だらけ。「柚子(ヨウズ)とも呼ぶ」
露店やバイク山積みの
文旦がいっぱい。
お月見で
文旦をいただくのが
ならわし。
中国読みでは「ワングオ」
台湾語読みでは「ワーグェ」
碗粿
30元
米粉の
グラタンの
ような…
独特の台湾グルメ
台南グルメの
「碗粿」は
麻豆名物。
台南市街地の
味と比べてみるのも
いかがでしょう。
パックされてる
メインストリートは、店も若者も多いけど
一つ角をまがると、こんな風景も
散歩の楽しい所。
なんやかんやと
露店もあるので買い食いもOK!

市街地から橘11-1バスで「円環」下車で東に向いて歩いて行くのがオススメ。乗車時間は1時間ほど。長距離バスの統聯と和欣は空席があれば台南ー麻豆間のみの乗車もできる。その場合「麻豆轉運站」利用となる。麻豆轉運站から長距離バスで台中や台北などにも行ける。

昔は有名な居酒屋だったそうです。
下のカフェでお茶のんでる時には気づかない上のこの建物
電姫戯院
昔の映画館の建物
ライオンの顔が並んでる
今でも切符売り場などのなごりが見られる。
麻豆の代表的ランドマーク
真ん中にはチケットを購入する所が現存
キレイに残りすぎ
院戯姫電
麻豆老街ブラブラ散歩
まさに台湾の老街
店の上がスゴイ。
カワイイのでじっくりと。
よく見ると窓ワクなども
バロックな屋根タタレ。
ただし下は普通の店だったりする
チケット受け取り口
右の作りでカワイイ
けっこう歩くけど
麻豆代天府
かなりつかれるよ!!
時間と体力があったら、ぜひココに来てみて!!
全部台湾語
子供はコレで良い子になるハズ。
人形がメチャクチャされてる。
ギャー!!
わるそー!!
獄地八十
地獄の入り口から地下に降りて十八地獄を見学。
罪によって様々な地獄でけっこうガロイ目に合う
もちつきのようにしばかれている
電動で動く
なんかスゴイ世界感圧巻
地獄を回り天国も回り龍の口から出てくる。
ダイナミックなオブジェ
地獄の横で係のオッチャンが弁当を食べてた。
安心感ハンパ無い
色々な神様が描かれている。
まさにテーマパーク!!

麻豆

麻豆代天府 P107 は**麻豆老街** P107 から少し離れているので市場辺りから徒歩だと25分ほどかかる。真夏に歩いた時、兄は目がうつろになっていた。市場近くの「一商前」から黃幹線バスで「五王廟前」下車か、黃20バスで「五王廟」下車。

集貨場
卸し市場ここに向かって。
暑いわ〜
芒果的故鄉
台南市街地からバスで1.5時間ホド
果物の甘い香りがいきなりするよ。
バス 台南市街地からだと緑幹線で一本。佳里、麻豆、善化からなら橘幹線で。
テンション上がるわ〜
玉 井 區
メチャ笑顔のマンゴー君。
色違いのバージョンも居てます。
もちろんこの子の横に立って写真一緒に撮りました〜!
おそうじするおばちゃん
マンゴーをつかった美味しい料理もあるよ。
芒果
これを食べたければ時期をちゃんとチェックしてね。
夏は暑いで〜
格好エエオバちゃん
すんごい濃厚…
やっぱりここでいただくマンゴーは美味い….
時期を逃さずに!!
大量の果物をパックするご夫婦。
マンゴーかき氷も美味い店、こだわりの店があるので調べて行くのが楽しいよ。
マンゴービール。これも玉井ならでは。
たしかにマンゴー味
モノを運ぶおっちゃん
芒果冰
玉井に居る間に何回も食べたよ
食べ比べてみよう!!
玉井に来るなら早めの時間のほうがにぎやかでオススメ。

玉井青果市場 P106 市街地から緑幹線バスで1時間ちょいほど。ここからさらに山の方へ行く支線が数路線ある。玉井・善化・麻豆・佳里を結ぶ橘幹線も走っているので玉井以外の郊外都市とも組み合わせることができる。

玉井から 緑20-1バスで 行ける虎頭山の 山上カフェ 「緑色空間」も イイよ!!
玉井で アレンジされ 作られたマンゴー
玉文芒果
なんか 仕事してても 楽しそうで エエなー
玉井青果
正に果物 バスを降りたら
ちなみにフルーツの生は日本にもって帰るのに色々あるので注意ですよ。
ドライマンゴーは 季節が 関係ないので 自分にも土産にも GOOD!
マンゴーといえば 台南 そして ここ玉井!!
マンゴーの郷
芒果的故郷
菱角 リンジャオ
食べすぎたら カロリーが スゴイので ヤバイかも。
これも試食した。
夏の終わり頃からは これ。
龍眼売りの オバちゃんが、試食さして くれるけど。
買いたいけど……
量がスゴイ多い。カゴで売ってる。
笑顔じゃないから ちょい怖いけど 話せば やさしい
ドライパインも あるよ。しかも 大量。
日本では 見たことも ないような 果物も たくさん ある。
さすがの ここは 南国
何十年 ここで座って 果物を 売ってるんでしょう……
龍眼
少しライチにも似た お味。
短袖 100元
暑いので これを買おうかと 迷ったけども 持って帰れんので やめた……
これ 1カゴしか 買われへん……

その年の気候などにもよるが、みんな大好きアップルマンゴーは６月末から７月が旬。マンゴーかき氷の店は数軒あるので、ここはぜひハシゴしたい。市場では桶とか樽レベルでマンゴーがカゴ売りされている。買うのはキビシイのでマンゴー山盛りの様子を楽しみに行こう。ドライマンゴーは豊富に売っている。

北の天燈、南の蜂炮、元宵節の行事（小正月）
130年以上もの歴史がある鹽水蜂炮。その中心となる
鹽水武廟
武廟
天主堂
動物カワイイ
教会の中は圧巻!!
この日の街は、爆竹とロケット花火で道がいっぱいになります。
なんだアレは？と近づいてみると…
大きな神様の像。これのボディ、全部花火で出来ています
燃えた後ま黒でコワイ
こわいよ!!
スゴイ!!
月津港
近くに老街もあるよ。
鹽水の見どころ
蜂炮と同じ頃ランタン祭が行われます。池に映るランタンキレイ…
おちついたふんいき。
蜂炮の日以外でも見どころは多くあります。
永成戲院もね!
八角樓
金持ちの家兼会社だった。
見学できます。
蜂炮に参加するならこの装備は絶対です。
フルフェイスのヘルメット
くもるので注意
マスク
首元ガードのためのタオル
手袋
燃えにくい上着
燃えにくいズボン Gパンがオススメ
スソは閉じてるほうが良い。花火が入る。
ボロくなっても良い靴。
重装備は暑いのがちょっとしんどいが…
買って行くより安いよー
ヘルメットは現場で売ってます。
2017の祭では、400元で買ったよ。
臺南市政府消防局
カッコ良すぎバイク
タンクやホースも装備
パトランプ
おばちゃんもまたいで記念に1枚
花火に当たると、その年の運勢が良くなるという理由

鹽水武廟 P107 毎年農暦一月十五日の元宵節と前日に行われる。昔この地で疫病が流行り武廟で神様に聞いたところ「神様行列をして爆竹を鳴らしなさい」と言われその通りにしたら疫病が治まったという由来。市政府文化局主催のロケット花火台づくり＆街散策ツアー「鹽水蜂炮組裝體驗營暨探訪老街文化之旅」が毎年行われている。

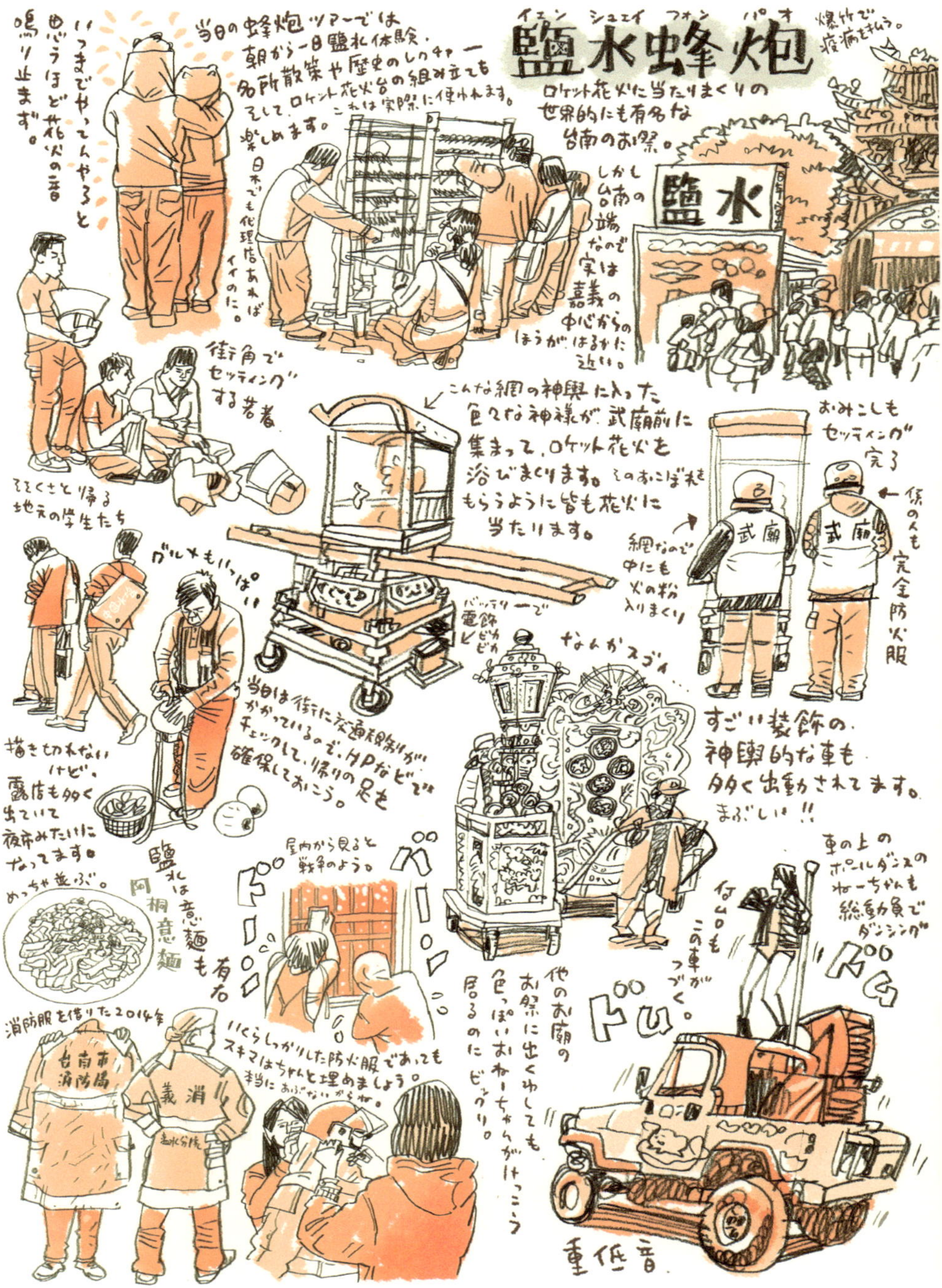
鹽《イエン》水《シュエイ》蜂《フォン》炮《パオ》
爆竹で疫病を払う。
ロケット花火に当たりまくりの
世界的にも有名な
台南のお祭。
しかも台南の端なので実は嘉義の中心からのほうがはるかに近い。
鹽水
いつまでやってんやろと思うほど花火の音鳴り止まず。
当日の蜂炮ツアーでは
朝から一日鹽水体験・
名所散策や歴史のレクチャー
そしてロケット花火台の組み立ても
楽しめます。
これは実際に使われます。
日本でも代理店あればイイのに。
街角でセッティングする若者
こんな網の神輿に入った
色々な神様が、武廟前に
集まって、ロケット花火を
浴びまくります。
そのおこぼれをもらうように皆も花火に
当たります。
おみこしもセッティング完了
網なので中にも火の粉入りまくり
係の人も完全防火服
武廟
武廟
そそくさと帰る地元の学生たち
グルメもいっぱい
バッテリーで電飾ピカピカ
なんかスゴイ…
当日は街に交通規制がかかっているので、チェックして、HPなどで確保しておこう。帰りの足を
すごい装飾の、
神輿的な車も
多く出動されてます。
まぶしい!!
描き切れないけど、露店も多く出ていて夜市みたいになってます。
めっちゃ並ぶ。
阿桐意麵
鹽水は意麵も有名
屋内から見ると戦争のよう。
ドーン
バーン
車の上の
ポールダンスの
ねーちゃんも
総動員で
ダンシング
何台もこの車がつづく。
ドゥ。
ドゥ
他のお祭にもお廟のお祭に出くわしても色っぽいおねーちゃんがけっこう居るのにビックリ。
消防服を借りた2014年
台南市消防局
義消
鹽水分隊
いくらしっかりした防火服であってもスキマはちゃんと埋めましょう。
本当にあぶないからね。
重低音

その昔栄えた街を「一府二鹿三艋舺」(台南・鹿港・萬華)というがその続きで「四月津」と言われるほど歴史ある街。蜂炮じゃない時に行っても**月津港** P107 をはじめ八角樓や天主堂、永成戲院や老街など見どころもあるし、意麵が有名なのでグルメも楽しめる。

關子嶺溫泉
Guanziling Hot Springs
台南駅からはかなり遠いので、1日使ってのんびり行くのが良い。
嘉義からのほうが断然近い。
季節は冬季がオススメ。暑すぎるから……
甕仔雞《マンマーゲ》
名物の鶏の壺焼き。これは別のページにて。
ハイキングコースの好漢坡へ行く道
雨の日、この道けっこうスベるので注意。
台湾四大名湯の1つ。
1900年頃に温泉が発見され現在でも古くからある宿も。
日本人的には昭和の香りがする温泉街がしっくりくる。
この道、前は「♨」マークがあったけど変わってしまった…。
嶺頂公園沿いの道からのナイスビュー
ちょい遠いけど来て良かった～と思う時。
關子嶺限定
温泉の泥
持ち帰りの泥や泥パックも売っておりまーす。
温泉泥面膜
關子嶺 大旅社
ここも入浴、泊まれます。かなりフォトジェニックで有名な古くからのHOTEL

關子嶺溫泉 P106 新營から黃幹線バスで「白河」へ行き黃12・黃13バスに乗り換えて。新營から台灣好行33バスでも行けるが嘉義高鐵站や故宮南院を経由した後、後壁や白河を経由して關子嶺に到着する。關子嶺の主要なところを巡回する黃12-2バスが土日祝のみ運行している。

關子嶺温泉ちょいMAP
ハイキング階段
ナイスビュー
下り
バス
めし屋が並ぶ
山嶺空中歩道
ガッこうな坂道
寶泉公園（泉源）
派出所
ホテルが並ぶ
ここから下へ降りて温泉街の老街へ
スソー
山嶺頂公園
ハイキング階段
昔に作られた道
コンビニ
統茂温泉會館
めし屋が並ぶ
さらに進むと「水火同源」へ。
（燃え続けている天然ガスの炎）

關子嶺統茂温泉會館
めちゃ立派な会館!!
弱アルカリ性炭酸泉
世界的にもめずらしい「泥温泉」。
お気軽に入浴するなら
←ココが
オススメ。
この辺で
一番の
リゾートホテル。
露天温泉は
もちろん
大きなプールも
あり、宿泊も
できます。
●泥温泉 ●水風呂
●電気風呂
●貸切風呂
などなど
水着と水泳キャップ
又はヘアキャップ
要ります。
タオルも
タオル
現地でも売ってるので
いきなりでも大丈夫ですよー。
ファッショナブル!!
190
290
美容にも効果が
あると言われている
泥を顔に。
マツメヨー
あー
ゴクラク
ゴクラク…
ドクター・フィッシュも居るよ。
キャー
食べられてる!!
入浴料金
(2017 現在)
平日 320元
休日 400元
桶に入っている泥は、ひんやりと
クリーム状でなめらか。
身体に塗るとつめたいけれど
すぐに
体温で
カピカピに
なる。
水やお湯で
すぐにキレイに
落ちる。
気のせいかお肌マジでつるつる
泥は自然の恵み。
大切に―。

夏場に行くと暑すぎるので冬場に行くのをオススメする。毎年9月〜10月に關子嶺温泉美食節というイベントが行われていて、2016年2017年は萌系のイラストが起用され、コスプレ大会も行われたりしている。9〜10月は日本人的にはまだまだ暑いと感じる頃かも。

關子嶺温泉

酸いのやら なんやコレやら。
ごはんの上にかける
肉《ロー》燥《ザオ》
自分で肉燥飯
しかし肉があんまり残ってない……
野菜とか他の具とか 飲みモノとかは 自分でデカイ冷蔵庫に 取りに行く。
冷房も効いてるよ
エエわー 特に 女子と いっしょなんが エエわー
プロパンガス
オススメは2種類くらい味をつくっておく。
写真でお見せしたい この鮮やかさ
いわゆる「しゃぶしゃぶ」です。
でも肉の鮮度がハンパない
お肉
アミになってる
これにお肉を入れて 鍋の中でしゃぶしゃぶする。
このページの絵が阿裕の新店舗の壁に大きく飾られています
観に行こう!!
なんなんこのウマさ。
もうホンマ 口の中に 入れたら うなるよ!!
レバーとか
わからんけど ごっついウマイ部位
不思議なのは「アク」がほぼ出ないこと。
新鮮やから?
飲みモンも色々
台湾BEERもたしかあったハズ!
アロエジュースや おなじみの アップルサイダー
よく鍋屋で出る 梅のスモーキーな ジュース
鍋の後の このスープ アホほどウマイ
ずっと飲んどけるわー!!
ペットボトルに 入れて 常に飲みたいわ!

お店情報

阿裕牛肉 P107　仁德區中正路一段525號、8時～14時/17時～24時、㊡ 月曜夜/火曜昼。2020年2月に新店舗オープン！ **二店** P107　仁德區崑崙路733-1號、11時～14時/17時～21時、土日祝10時半～14時/17時～21時、㊡ 月曜夜/火曜昼。

阿《アー》裕《ユウ》牛《ニョウ》肉《ロウ》涮《シュアン》涮《シュアン》鍋《グオ》
2回も連れて来てもろたよ!
ちょっと都心からは離れているので有名店ながら行ってない人も多い。そんな場所にもかかわらず
人いっぱい
阿裕現宰牛肉湯店
自信満々に見える看板
ネギやらショウガやら辛いのやら甘いのやら
超辣
自分で味を作る
店に入るとなぜか入口のまん中で新鮮なお肉をサバいている。色からもう絶対新鮮だとわかる。
肉はさばけないハズ!! 知らんけど
阿裕牛肉湯
牛肉湯
台南は牛肉湯が一つの名物だけどここはそれをスゴイゴージャスにいただける。
入り口に居るデカ牛。
もう、物置的になってしもてる
お肉も色々な部位が。
お店の位置は台南の南。「十鼓文化村」や「奇美博物館」も近い。
T-Bikeでも行けるよ!!
店先でヨユーで洗いモンする店員さん
MENUに書かれてる注文できる部位。
だいたい字面でわかるしょ?
特優頂級鮮牛肉
牛尾巴 牛腩 牛雜 烤牛舌
炒骨髓 酔牛腱 牛心
牛肚 牛肝

いつ行っても大繁盛で店の前で待ってる人がたくさんいる。隣の7-11もきっと大繁盛のおこぼれをいただいてる。以前友人の家で牛肉湯をごちそうになった時「阿裕で買ってきた」と言っていた。持ち帰りの場合、生肉とスープは別々の袋に入れられる。二店の店内にある兄絵は必見。

中を見せてもらいました〜
煙突
この甕のような壺の中で鶏を吊るし焼きにする。
甕仔雞とも呼ぶ。
鉄製のカメなら「桶仔雞」
甕缸雞
関子嶺温泉付近には鶏の丸焼きのお店がたくさんあり、こちらも名物。温泉の前にいただくか上がってからビールと共にいただくか。
バスバス切ってくれる
ポタポタと下に脂がたまる。
エエ色!!
燻製的焼き具合
この脂をつかってスープもつくる。
焼くときに下にたまった脂これをつけていただく
様々な部位が楽しめる
竹の子の醤油炒めがめちゃ美味かった。
ごはんほしー!!
お味はかなりスモーキー
シオコショー
手がギトギトになる。
やはり鳥は恐竜が進化したものか
好みの部位の奪い合い。
これにつけていただく
鶏の脂
竹の子
ズリ
など。
ガリガリかじる。
3、4人くらいで来たい。
半身でも出してくれる。
2人だとこれで十分

お店情報

竹香園 總店 P106 白河區關嶺里46-3號、**原味山產美食** P106 白河區關嶺里43-2號、など。
甕缸雞や桶仔雞は台湾全土で食べられる。市街地では**阿肥桶仔雞** P100 安平區慶平路531-2號、など。

新營《シンイン》
阿忠豆菜麺
アゾン
ドウツァイ
ミィエン
ちなみに
向かいのお店
「美美冰果部」には
山芋が入った
ドリンクが
あった。
豆菜麺《ドウツァイミィエン》
(加豆菜)
平麺
普通
汁がなくても
温かいが ここの麺は
冷めている。
タレをかけて
よーく
ほぐして。
もやしが入った
味がついてない
スープもない麺。
ここに自分で
味つけをする。
ドバッと
かける
ニンニクが
効いた
タレや
甘タレ、辛タレで。
新營には
この
もやし麺の店が
多い。
にがうりと
魚の頭が入った
スープ。
頭丸ごと!
苦瓜魚頭湯《クーグァユウトウタン》
にがうりの苦味がアクセント
綜合腸湯《ゾンハーチャンタン》
意外とあっさり
昔の中華そばの
スープの
よう。
ダシがすごい。
アラのスープみたい。
豪快!!

台南めし 麺

新營阿忠豆菜麵 P107 新營區中正路25號、6時～15時、㊡ 水。このもやしの麺は新營名物。市街地では鴨母寮市場の露店で見かけたことアリ。

お店情報

学ぶ

國立臺灣歴史博物館

台湾の歴史が学べる、1度は行っておきたい場所。昔の商人が使っていた道具の体験ができたり、企画展も定期的に行っている。電車に乗ってのハイテクCGは圧巻。

安南區長和路一段250號　9時～17時（最終入館16時半）
休 月、除夕（旧暦大晦日）、初一（旧暦元日）
市區18、市區20バス「臺灣歴史博物館」下車 P107

奇美博物館

奇美グループの会長の趣味が爆発している豪華絢爛な博物館。広い館内をじっくり見た後は公園も大きいのでゆったりするのもオススメ。ミュージアムショップも品数が充実。

仁徳區文華路二段66號　9時半～17時半　休 水
紅3、紅3-1、紅4バス「奇美博物館」下車 P107

十鼓仁糖文創園區

製糖工場跡地にできた施設。現在は台湾の有名太鼓チーム「十鼓撃楽団」のパフォーマンス場となっているので、工場の歴史を学びつつ太鼓パフォーマンスも楽しめる。夜のライトアップはデートにピッタリ。

仁徳區文華路二段326號
毎日9時半～17時/土日18時～20時半/火水木金18時～20時
紅3-1、紅3バス「十鼓文化村」下車 P107

善化啤酒廠（ビール工場）

ビール製造過程の展示が見られ、なんといっても作りたて生ビールが飲める！ ビールを使ったソーセージや特別メニューのレストランもあり、お土産も充実している。

善化區成功路2號　8時半～17時
線2、線4、橘幹線、橘2、橘5バス「善化啤酒廠」下車 P107

観る

臺南藝術大學

烏山頭水庫（ダム）から近く、郊外の静かな場所にあるので散歩にピッタリ。キャンパス内にある宿舎の建物が可愛く、蓮池には中国の浙江省から運んできた歴史深い橋もかかっている。

官田區大崎里大崎66號
橘4、橘10、黄1バス「臺南藝術大學」下車 P107

井仔腳瓦盤鹽田

300年以上の歴史がある瓦盤塩田遺跡。田んぼのように仕切られた塩田に積み上がった三角の塩山は、冬になるとサンタ帽をかぶらされたりしている。塩採取の体験もできる。

北門區永華里井仔腳興安宮すぐ
9時～17時半
藍2バス「井仔腳」下車 P107

水晶教堂 北門遊客中心

ブライダルフォト撮影で大人気の教会。遊客中心ではクジラの標本など展示もあり、ゆったりとひとやすみできるスポット。ここからほどなくサバヒー坊や（虱目魚小子）の像もある。

遊客中心：北門區北門里舊埕200號　9時～17時半
藍2バス「北門公所」下車 P107

青鯤鯓扇型鹽田 沿岸区

青鯤鯓は台湾本島最西にある集落で、その北側には扇形をした塩田が広がる。さらに藍20バスで北へ行くと**馬沙溝濱海遊憩區**というビーチレジャー施設がある。

將軍區鯤鯓里
藍11、藍12、藍20バス「青鯤鯓前」下車 P107

台江國家公園遊客中心

一見塩山にも見える建物は最近話題のフォトジェニックなスポット。四草の自然と一体化した施設を散策するだけも楽しい。

安南區四草大道118號 9時～17時 休 月
99バス台江線「台江國家公園管理處（四草大橋西）」下車 P107

玄空法寺　永興吊橋

玉井からさらに奥にある大きなお寺。境内には奇石が多くあり「生命の路」と呼ばれる歩道が敷かれている。お寺のさらに奥にはこれまた絶景の永興吊橋がある。

楠西區中華路270號
綠20バス「玄空法寺」「永興吊橋」下車 P106

南鯤鯓代天府

1662年創設された台南の北の端に位置する寺院。王爺廟の総本山。かなり大きく他所の神様がしょっちゅうご挨拶にきている。鯤園・虎苑・海山亭などの庭院建築物がある。

北門區鯤江里976號
主殿 6時～21時 / 大鯤園 8時～17時 / 凌霄寶殿 7時半～17時
棕1、藍1、藍2バス「南鯤鯓」下車 P107

カフェ綠色空間

玉井にある**虎頭山**の山頂にあるカフェ。暑い日でもミストを発生させているので心地が良い。そしてオープンテラスからの見晴らし最強。緑を眺めながらゆったりできる。

玉井區沙田25-66號 11時～22時
休 火 綠20-1バス「虎頭山」下車 P106

そのほか

喜樹老街　黄金海岸

市街地からバスで30分ほどと近い。古い町並みを散歩できるが平日はあまりにも静かすぎるので休日がオススメ。黄金海岸では足を海につけながら散歩も心地よい。夜は海辺に海鮮屋がオープンする。

南區喜樹路340巷內、南區濱南路600號
市區1バス「喜樹」下車、市區77-2バス「黄金海岸遊客中心」下車 P107

千佛山菩提寺

バスを降りて歩いて關廟の街を抜けると大潭埤旺萊公園越しに高さ80mを超える大仏が見える。公園には關廟名物の大きなパイナップル像がある。軽いハイキングのつもりで行こう。

關廟區松腳里旺萊路466巷1號　6時〜17時
紅幹線、紅1〜3、紅10〜14、綠16バス「關廟轉運站」下車、徒歩約30分 P107

龜丹温泉

台南には關子嶺溫泉の他にも温泉があります。龜丹溫泉體驗池は足湯など。龜丹溫泉休閒體驗農園は水着着用で入れる露天温泉アリ。バスの本数が少ないので注意。

體驗池：楠西區龜丹里南186線　10時〜18時
㊡ 月火　**休閒體驗農園**：楠西區龜丹里59-6號
12時〜21時（土日9時〜）
綠21「龜丹溫泉」「牛坑」下車 P106

175東山咖啡公路

關子嶺溫泉の近くにあるこの地区は60年以上の歴史があるコーヒーの産地。175線には喫茶店が並ぶ。お土産にドリップコーヒーなどもオススメ。

東山區175縣道
黃11-1バス「檳榔宅」〜「穆聖」下車 P106

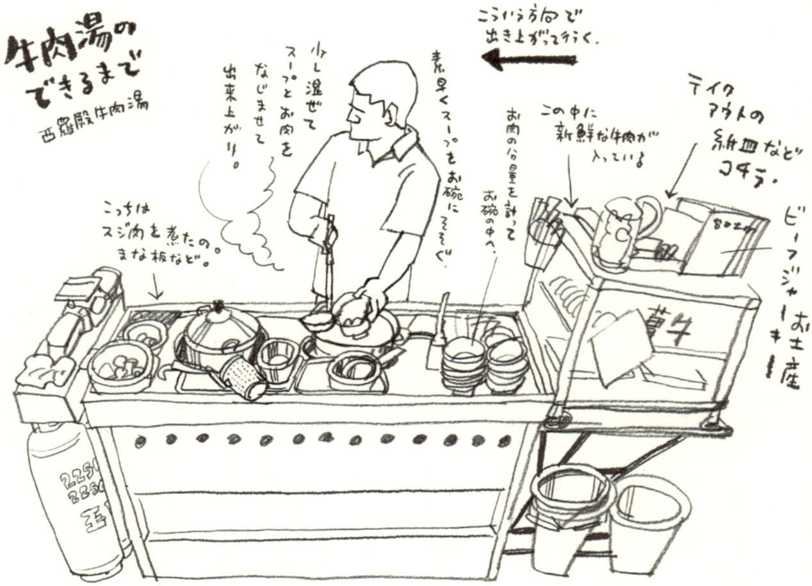
牛肉湯のできるまで
西羅殿牛肉湯
こういう方向で出き上がって行く。
少し混ぜてスープとお肉をなじませて出来上がり。
素早くスープをお碗にそそぐ。
お肉の分量を計ってお碗の中へ。
この中に新鮮な牛肉が入っている
テイクアウトの紙皿などコチラ。
ビーフジャーキーお土産
こっちはスジ肉を煮たの。まな板など。

四章

まとめ

熱情の大台南

はじめての台湾は十数年前に訪れた台北だった。それ以降何度も台湾を訪れたが、元々旅好きでもなく、当時は今ほど台北以外の都市の情報もなく、中国語もできなかったので、「友達が居るから台中」「新幹線に乗りたいから高雄」を除くと台北ばかりだった。そんな中、台南出身のミュージシャン盧廣仲の音楽に出会った。そして同じく彼の音楽が好きな友人の「こんなイイ音楽をつくる子が育った場所はきっとイイところなんだろうね」というひと言が台南に興味を持ちだしたきっかけだった。きっかけはどこに転がっているか分からない。

台南の魅力は色々あるが、やはり人に尽きるだろう。道を聞いただけなのに目的地まで連れて行ってくれたり、めし屋で気さくに声をかけられたり。私が台南で最初に住んでいたところは、台南で初対面の人に紹介してもらった。騙されてもおかしくないパターンだが、騙されるなんてことはこれっぽっちもなく良いところを紹介してもらった。そもそも台南市政府が、ようワカラン年齢不詳の異国の丸い兄妹に良くしてくれて、市長と一緒に記者会見まで開いてくれるぐらいだ。心配になるぐらいエエ人が多いのは間違いない。

多くの台湾人にとって「困っている人がいたら助ける」ことは何も特別なことではなく当たり前のことだそうな。なのでしてもらったことに対し何度も感謝すると困惑される。だって当たり前のことしただけやもん、と。日常の些細なことで「謝謝」と言うと「そんなんいちいち言わんでええ」と言われたりする。そのクールさが、親切なのにベタベタしすぎない、とても良い距離感を保っているのだと私は思う。「親切」にあたる中国語は「熱情（ルーチン）」と言う。良い距離感の「熱情」に日本語の「熱情・情熱」という意味も含めると、なんて台南にぴったりな言葉なんだろうと思う。

と、ここまで「台湾の人、台南の人めっちゃ親切！」と言ってきて何だが、よく言われる「台湾は親日」は果たして本当にそうなんだろうか？　台湾の歴史はとても複雑で、一括りに「台湾人」と言ってもその背景は様々だ。誰もがみな日本を日本人を好いてくれてるとは限らない。「誰からも好かれる」なんてありえないのは当たり前のこと。台湾では「日本人」と言うとウェルカムな雰囲気を出してくれることが多いので勘違いしがちだが、そんな安易なものではない、ということは頭に入れておいてほしい。

　そうは言っても特に台南は「熱情」な人が多いのは確かだ。台南は縁結びの神様である月下老人が有名で、特に有名な大天后宮や武廟に限らずどこのお廟でも月下老人がいらっしゃる場合は必ずご挨拶している。そのお陰で台南では本当に色んな出会いに恵まれ、こうして台南との縁は続いている。（と言うと台湾人に「恋愛・結婚の神様やで！」と言われるが、それに限らず縁は縁だと思う）

「台南を楽しむには台南の友達をつくるのが一番の方法」とは台南市政府観光旅遊局の王局長のお言葉。熱情な友人と出会って、熱情な大台南の魅力をたっぷり感じてほしい。縁結びの神様が見守る街。きっかけはどこに転がっているかわからんもんですよ。

エピローグ

大台南を楽しむコツ
ウォーキング
マッサージング
ショッピング
ギャー!
まずは市街地を
そこそこ攻略してから
近場の観光地「安平」を
皮切りに足を伸ばして
①
市街地
②
③
初級
まずは
安平
④
中・上級
都会から離れるのがオススメ。
とはいえ、
広大な大台南のMAPには、
まるでRPGのように、
小さな町がちらばっていて、

そういえばマッサージ店を紹介していなかった！ ヤマサキ兄妹行きつけは信安按摩中心台南三店：中西區民族路二段235號。兄にとっての「神の手」がいるが足湯はない。贅沢にゆったりしたい時は泡腳抓腳足體健康會館：南區夏林路110號。日本人客も多い。

そこごとに
特色があります。
朝市や夜市もある
歸仁公有零售市場
足を延ばすと、それだけ
地方の稀なイベントに出くわす
こともしばしば。
特にお廟の祭は本当に多い。
佳里金唐殿の祭
大きなムカデに乗った子供達が飴を まきまくってた。(蜈蚣陣)
ローカル夜市も、
市街地の大夜市に比べて
規模のかわいらしさや
地元感も楽しい。
この夜市は
道路の両サイド
關廟夜市

郊外の朝市へ行こうと思うと早起きをしなくちゃいけないけど、そのあと郊外をのんびり遊ぶのも良い。夜市はどこも同じような感じなのでわざわざ行くほどではないが、もし機会があるなら地元密着感溢れる雰囲気を楽しんでほしい。

言葉もできないし、
最初は全てにおいて
ハードルが高く
ドキドキしたけど、
高雄にある「月世界」と同じ泥岩の風景
牛埔農塘
龍崎の奥まで来たけど…
どこやねんココ…
ちょっと負荷のある旅のほうが
記憶に残る旅。
そこまで旅慣れてない人でも、
そこまで難解でもなく、
有名な米屋のおじいちゃん
後壁菁寮老街
これは台南の人々の
優しさに助けられている部分が
大きいのだけれど
ええ塩梅で、冒険するには
もってこいの街だと思います。
スゴー!!
いきなり大雨きたらどうすんやろ?
麺を天日干しにしている。
關廟

ハナコラムでも触れたクラウド・ルーやTWICEのツウィは台南出身。ジュディ・オングも台南にルーツを持つ。「お笑いマンガ道場」でもおなじみ富永一朗先生は台南師範学校（現：台南大學）出身。2019年にEXILE AKIRAと林志玲が台南で結婚式を挙げ話題に。

この本では
紹介しきれなかった台南が
まだまだあります。
一帆風順
またまた
どこやねん
ココー!!
探れば探るだけ
発見がある街 台南。
この本がきっかけになり、
みなさんの台南を
組み立てていただけたら
幸いです。
それでは
読んでいただきまして
感ガムシャー謝
台南で
お会いしましょう

台南推しをしている身でこんなこと言うのもアレだが、日本で「台南」がこんなメジャーな存在になるとは数年前には想像もつかなかった。「台南」を知る、好きになるきっかけに、少しでも役に立てていたら嬉しい。「台南」の次はぜひ「大台南」へ！

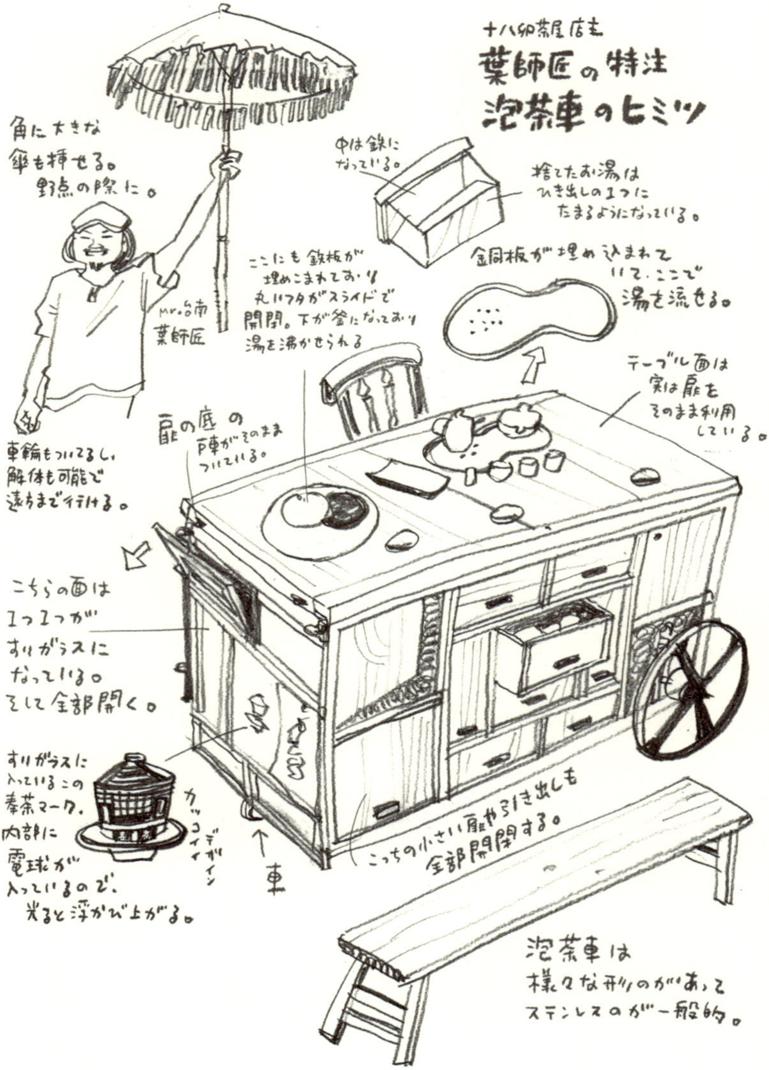
十八卯茶屋店主
葉師匠の特注
泡茶車のヒミツ
角に大きな傘も挿せる。野点の際に。
Mr.台南
葉師匠
中は鉄になっている。
捨てたお湯はひき出しの1つにたまるようになっている。
ここにも鉄板が埋めこまれており丸いフタがスライドで開閉。下が釜になっており湯を沸かせられる
銅板が埋め込まれていて、ここで湯を流せる。
テーブル面は実は扉をそのまま利用している。
扉の底の戸車がそのままついている。
車輪もついてるし、解体も可能で遠方まで行ける。
こちらの面は1つ1つがすりガラスになっている。そして全部開く。
すりガラスに入っているこの奉茶マーク。内部に電球が入っているので、光ると浮かび上がる。
カッコイイデザイン
車
こっちの小さい扉や引き出しも全部開閉する。
泡茶車は様々な形のがあってステンレスのが一般的。

五章
旅の便利帖

安平で見た
おばぁちゃん2ケツ
絶対どうでもよさそうなモンが入ってる
センタクバサミ
なんかかわいいテディベア柄のシート
お茶
テープで止めてる
バッグ
YAMASAKI

台南 おすすめ 土産

台南ならではのお土産 比較的、市街地で購入できるものを集めてみました

1 奉茶のお茶　パッケージが可愛らしい。ティーバッグタイプもあるのでばらまき土産にも◎老舗のお茶屋さんである振發のお茶も有名。
【場所】奉茶・十八卯茶屋・振發茶行・林百貨

2 林百貨オリジナルグッズ　Tシャツやバッグなどなど。少々お高いので自分土産にする方がいいかも。他にも色々台湾ブランドのものが揃っている。
【場所】林百貨

3 帆布　台南お土産として有名な帆布。下記の3つの店が有名店。その時でしか出会えないモノも多いのでマメにチェックがオススメ。
【場所】合成帆布・永盛帆布・廣富號帆布

4 明新食品のサバヒー菓子　台南の老舗お菓子屋が、台南名物サバヒー虱目魚を使ったまんじゅうとせんべいを出してる。食べたことないけど。サバヒーを知らない人にあげてもナンノコッチャなので、台湾ツウの人にシャレ土産としていかがか?
【場所】明新食品

5 鄭成功ビールやポテトチップス　台南市政府文化局が出してる正真正銘台南オフィシャルのお土産。他に媽祖さまスナック菓子や、孔子の麺菓子などもあり。マンゴー味のポテチもあるよ。
【場所】安平古堡、安平樹屋、億載金城、赤崁樓、延平郡王祠、愛國婦人會館、1661臺灣船園區、三一宅藝空間

6 からすみ　からすみ(烏魚子)は安平に専門店がある。有名なのはこだわりの丸奇號、老舗の吉利號。からすみは通年あるイメージだけど、実は12月ぐらいから出回りはじめ前述の2軒は夏にはもう売り切れになることもある。夏以降にからすみが買いたかったら市内中心部にある明興商行に行くと良し。おじいちゃんは日本語が喋れる。
【場所】丸奇號・吉利號・明興商行

7 まるごとパイナップル　パイナップルはそのまま持って帰ることができる(検疫證明書が必要)。夏頃のパイナップルの味はジューシーで激甘で格別!　ただしマンゴーや他のフルーツは持ち帰りがダメなので注意。
【場所】市場や町の果物屋など

8 玉井のドライマンゴー　ドライフルーツであれば持って帰ってもOK。お土産にも喜ばれる。コンビニでも買えるが「玉井」と入ってるものがやはり箔がつく。
【場所】市場や町の果物屋など

9 蜜餞(ドライフルーツの蜜漬け)　特に安平地区に蜜餞のお店が多い。普通のドライフルーツもあれば蜜に漬けてるもの、漢方を配合しているもの、色んな種類がある。ただひとクセふたクセあるものもあるので、試食できるならした方が良い。
【場所】正合興蜜餞行・永泰興蜜餞行など

10 **CHIMEI（奇美）のあまいもん、CHIMEI（奇美）グッズ色々**　博物館ではポストカードやバッグなどのグッズ、カフェや食品工場では鳳梨酥・芒果酥やスモーキー龍眼の桂圓酥などのスイーツを。
【場所】奇美博物館・奇美食品幸福工廠・成大奇美咖啡館・林百貨

11 **サバヒーポーチ**　サバヒーや魚などを元にしたポーチ。林百貨にも数種置いている。
【場所】花現喜樹文創・林百貨

12 **成功大学・台南大学グッズ**　ノートからシャツ、パーカーまで。私はここが一番好き。
【場所】成大紀念品・台南大學

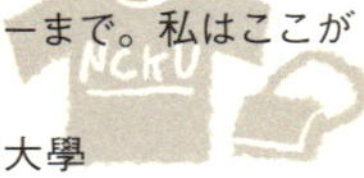

13 **台南トランプ**　台南めしや建築などが絵になったトランプ。台南の情報が無い頃はこれを見ながら店を探していました。
【場所】林百貨など

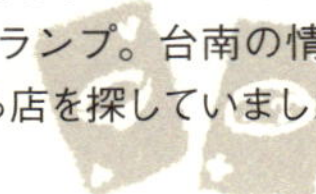

14 **鹿耳門グッズ**　マフラーやキャップなどがある。現地ではかなり観光モノなので日本で楽しもう！
【場所】鹿耳門聖母廟

15 **七股のにがりコーヒー**　塩を作る時にできるにがりを使ったコーヒーは美味い！ インスタントで飲めるのでコーヒー好きはぜひ。
【場所】七股鹽山

16 **牛頭牌のサンダル**　フワッフワな履き心地の土豆星球シリーズは鼻緒タイプやスリッポンタイプなどがあり青年路の大石運動廣場が一番品揃え豊富。布シューズの花見小路は牛頭牌の別ブランド。
【場所】大石運動廣場、靴屋や大型スーパーなど。

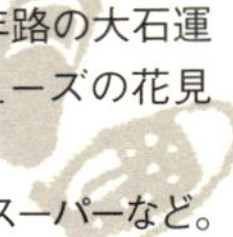

＼ 台南にかぎらない台湾土産 ／

17 **關廟の麵**　スープのついてない麺。結構色々な形がある。どうせなら和えるようのソース（瓶）も買うて帰っときたい。
【場所】小北百貨などのスーパー

18 **TTL（臺灣菸酒股份有限公司）のお酒を使ったインスタント麺**　日本円で約200円ほどする袋麺。カップバージョンもありそちらのほうがよく見かける。酒が効いててゴージャス。
【場所】スーパー・ＴＴＬ

19 **京都念慈菴の枇杷潤喉糖**　台湾だけでなく香港や中国でおなじみのブランド。薬局で売ってる喉シロップが有名だけど、のど飴はコンビニでも売ってて特に金桔檸檬味は普通に美味しい。丸いカンカン入のが可愛らしくてオススメ。ばらまき土産には少量が入った袋タイプが◎。
【場所】スーパー・コンビニなど

20 **森永の台湾ドロップ**　四角いいわゆるドロップのカンカンに入った、台湾特産フルーツ味のドロップでしかも森永なので味にまちがいはない。ただこれちょっと大きい。最近丸型の小さいタイプも出てる。レアなので見つけたら買って。
【場所】スーパー・コンビニなど

＼ 困ったらココ！！ ／

21 **小北百貨**　台湾ぽいストライプのビニール袋やお茶碗や文房具、インスタントラーメンや食品など、生活日用雑貨がなんでも揃う！ 24時間営業！ 台南スタートの全国チェーン店。

台南の日本建築

台南の市街地や郊外には、日本統治時代の歴史的建造物が多く残っています。
建築さんぽで一日ゆっくりまわってみるのも。

01 原臺南警察局

1930年建築。2018年に台南市美術館1館として生まれ変わった。2019年にEXILE AKIRAと林志玲の挙式が行われ、中庭は「志玲姊姊幸福花園」と命名された。

中西區南門路37號 P22·24

02 國立台灣文學館

1916年に庁舎として建設。戦後は空軍の司令部や市役所などに転用され何度かの修復をされ台湾文学館へ。

中西區中正路1號 P24

03 原臺南合同廳舍

日本統治時代には消防署として、また警察会館、警察吏派出所として利用された建物。塔は昭和天皇の即位を記念して建てられた。現在は消防史料館として公開。

中西區中正路2-1號 P24

04 原臺南武徳殿

1936年建設。元々は警察官の武道場。現在は忠義国民小学校の講堂になっている。

中西區忠義路二段2號(忠義國小內) P24

05 原臺南測候所

気象を観測する施設として使われた建物。正十八角形の中心から塔が伸びている都心においてひときわ目立つフォルム。現在は気象博物館として公開されている。

中西區公園路21號 P24

06 原日本勸業銀行臺南支店

林百貨の向かいにある三角形の銀行。1937年建造で現在は**土地銀行**台南分行として使われている。天井にはすごい数のツバメの巣。壁面には大黒またはえびす様の顔の装飾が。

中西區中正路28號 P24

07 柳屋

呉園の中にある「十八卯茶屋」は、1934年に造られた食堂「柳屋」を前身とする茶屋。人が集まるサロン的場所。2階にはギャラリーがある。

中西區民權路二段30號呉園内 P24

08 原臺南公會堂

こちらも呉園の中にある日本統治時代に建てられたモダンなヨーロッパ式建築の建物。展示や演劇などの文化イベントも多い。

中西區民權路二段30號呉園内 P24

09 鶯料理

当時の皇太子（昭和天皇）が台南行啓の際に料理を提供したこともある、台南の政治経済の中心にあった料亭。現在は敷地内に入って見学ができる。

中西區忠義路二段84巷18號 P24

10 原臺南愛國婦人會館

1920年愛国婦人会館として建設。日本の洋風建築。現在は「文創plus- 台南創意中心」として、文化的な展示会の会場として使用されている。

中西區府前路一段195號 P24

11 原臺南縣知事官邸

1900年に建設。知事の官邸として使用された他、皇族が台南へ来訪した際の宿泊地としても。現在は知事官邸生活館という名称で展示やカフェバーや雑貨販売をしている。

東區衛民街1號 P22

12 夕遊出張所

1922に建てられた元々は塩の専売公社「台湾総督府専売局台南支局安平分室」があった場所。建物全体は主に木造で屋根は瓦と日本の様式。現在は塩を使った展示やお土産など。

安平區安平路古堡街196號 P101

13 台鐵保安站

阿里山のヒノキで作られた日本統治時代の木造建築の駅。同線には永康站があり２つの駅名を組み合わせて「永保安康」となり、縁起が良いとされている。

仁德區保安里文賢路一段529巷10號 P107

14 新化街役場

1934年「新化街役場」が建てられ、現在は「街役場古蹟餐坊」としてレストランになっている。

新化區中正路500號 P107

15 臺南山上花園水道博物館

1922年に建設。鉄筋コンクリートとレンガが組み合わさった建物で現在は資料展示が見学できる。

山上區山上里16號 P107

16 菁寮國小禮堂（中正堂）

1951年に建てられた講堂。日本の木造建築工法でブルーの外観が可愛い。米どころでもある菁寮老街の散歩も良し。

後壁區墨林里282號（菁寮國小內） P107

この他にも臺南文化創意產業園區、南門電影書院（原臺南放送局）、國立成功大學博物館、原水交社宿舍群、台鐵後壁站、北門出張所など、日本でも貴重とされている数多くの日本建築が残されている。

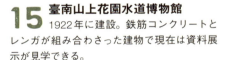

台南年間フルーツカレンダー

芭樂《バーラー》

グァバ

【産地】玉井／楠西／南化

パリパリした触感。梅の粉をまぶして食べるのがこれまた美味い！

香蕉《シャンジャオ》

バナナ

【産地】左鎮

台湾バナナを現地で召し上がれ。こちらでは種類も多い。

楊桃《ヤンタオ》

スターフルーツ

【産地】楠西

ジュースでよく見る。生フルーツとして見かけることはあまりない？

棗子《ザオズ》

インドナツメ

【産地】玉井

瑞々しく鉄分多目！

柳丁《リョウディン》

オレンジ

【産地】東山

街でも大量のオレンジをジュースにしてるのをよく見る。

木瓜《ムーグァ》

パパイヤ

【産地】大内

ジュースではおなじみパパイヤ。比較的よく見るメンツの一人。

釋迦《スージャ》

シャカトウ、バンレイシ

【産地】歸仁

日本では見ない驚きの形。味は甘いヨーグルトのような。

酪梨《ルォーリー》

アボカド

【産地】大内

日本で売られているのとは少し姿が違う。ジュースが濃厚で美味い。

文旦《ウェンダン》

ブンタン

【産地】麻豆

大きい洋梨のような形をしたザボン、ボンタン。意外とあっさり。

龍眼《ロンイエン》

リュウガン

【産地】東山

乾燥のはいつでもあるが生はこの時期だけ！ハナコいわく大根おろしの風味。

南国台南はフルーツ天国。いつたべても美味しいが、どうせなら旬の最高潮を楽しもう!
書かれている地域は産地であり、台南どこでも食べられます。

1月
2月
3月
4月
5月
6月
7月
8月
9月
10月
11月
12月
荔枝《リージ》
ライチ※
荔枝
【産地】新化／玉井
生のライチは旬が短い。市場で見かけたら即買うのがオススメ。
西瓜《シーグァ》
スイカ
西瓜
【産地】善化／西港
こちらも盛り合わせでよく見る顔。まず私が台南で飲むのは西瓜汁。
百香果《バイシャングォ》
パッションフルーツ
百香果
【産地】白河
まさに南国の情熱的果実!
火龍果《フォーロングォ》
ドラゴンフルーツ
火龍果
【産地】東山／柳營
中が赤いものが有名。意外とあっさりで瑞々しく、舌が真っ赤になる。白もある。
芒果《マングォ》
マンゴー
芒果
【産地】玉井
台南の代表フルーツ。冷凍ではなく生でいただきたい!
白蓮霧《バイリエンウー》
シロレンブ
白蓮霧
【産地】新市
この地方でこの時期だけしか採れない貴重なレンブ。
鳳梨《フォンリー》
パイナップル
鳳梨
【産地】關廟
旬のものをいただいたとき、マンゴーよりも感動。激甘い!
洋香瓜《ヤンシャングァ》
メロン
洋香瓜
【産地】七股
日本では大御所でも、フルーツ盛り合わせでひっそり入っています。
菱角《リンジャオ》
ヒシノミ
菱角
【産地】官田
ヒゲのような形。食感は栗のような。カロリー高いらしい!

※ライチにも色々種類があり、ここでの特産は黒葉というライチ

台南年間イベントカレンダー

市民による手描き提灯が廟や國華街に数多く飾られ幻想的。

世界的にも「ムチャな祭」で有名なロケット花火祭が開催される。できれば一度は参加したい祭！ その時期に重なる月津港燈節ではランタンが飾られている。

ロケット花火もあり夜市も賑やかな祭。市街地からも近く鹽水蜂炮より気軽に楽しむならこちら。

ありとあらゆる蘭だらけの見本市。どこを見ても蘭蘭蘭。会場を埋め尽くす種類の多さに驚いた！

国内・海外の芸術団体が集まってパフォーマンスをするアートフェスティバル。

お墓参りの日。家族でお墓の大掃除をする。この日は各家庭で潤餅（春巻き）を作って食べる。これが自分でカスタムできて楽しい。

この日は台湾ではお馴染み、海の女神である媽祖様の誕生日！

都心部からは外れるが、蛍鑑賞は台南でもすごい人気。

６日間に渡って行われ最終日には船を燃やす。丑、辰、未、戌の年に行われる。

李、池、呉、朱、范、の五王が祀られており、それぞれの誕生日に祭が行われるが、中でも李と范の誕生日が連続しているこの時期は盛大に行われる。池：六月十八日、朱：八月十五日、呉：九月十五日

黄色い花が咲き乱れる姿はとても美しい。郊外では南科樹谷大道、虎頭俾風景區など。

街を歩くと台南のマークにもなったことがある「鳳凰花」があちこちで見られる。

台南運河は祭りと化す。熱気あふれるドラゴンボートレースは必見。そして端午節の日はちまきを食べる。

マンゴー試食会、マンゴー狩り体験。毎年行われるイベントで大人気。日本への直送もあり。

ハスの花が満開を迎える時期。田舎の白河区にのんびり行くのもオススメ。

台南発の習慣で、子供が生まれてから16歳まで見守っているといわれる女神「七娘媽」の誕生日。昔は16歳で成年していた。七娘媽に対する感謝とこれから大人になるための儀式が行われる。

儒教の祖である孔子を祀るお祭。この時に使われる楽器などが孔子廟に展示されている。

日本でも月見の習慣はあるが、台湾では祝日になっている。この時期には文旦や月餅を贈り合う。文旦の皮は子供の頭にかぶせたり、乾燥させ虫除けとして利用される。各家庭の家の前でBBQをする。

泥温泉とグルメの祭り！

台湾原住民の西拉雅（シラヤ）族のお祭　1）農暦九月四日はシラヤの神様「阿立母」の誕生日で、夜11時に儀式が行われる。2）農暦九月五日のお昼に「孝海」という、昔、海を渡る時に命を落とされたご先祖様を祀る儀式が行われる。3）農暦十月十四、十五日（10〜11月）はシラヤ族の平和と豊作を祈る「太祖祭」が行われる。

歌手：謝銘佑を中心に皆で作り上げる音楽フェス。その前の期間にはミニライブ「小南吼」も。

毎年違うテーマで台南グルメを楽しめるイベント。

七股の曾文溪口周辺ではクロツラヘラサギを見ることができる。この時期は七股区のさらに先に行く99バスも運行しているシーズン。七股方面へバードウォッチングはいかが？

対象店でクーポンを使えたり、牛肉湯シーンが盛り上がるシーズン。

台南でしか見れない、体験できないイベントがたくさん。
イベントに合わせて旅程を決めるのもオススメ。

季節	農暦	イベント	場所
2月頃	春節 農暦一月一日	花燈展 佇廟埕點燈	普濟殿 中西區普濟街79號
2月～3月頃	農暦一月十五日	元宵節	
		鹽水蜂炮・月津港燈節	鹽水武廟　鹽水月津港
		迓春牛遊行暨國際高空煙秀	正統鹿耳門聖母廟
		臺灣國際蘭展	臺灣蘭花生物科技園區
3月～5月		臺南藝術節	
4月4日 or 5日		清明節	
4月～5月頃	農暦三月二十三日	媽祖の誕辰祭	全臺祀典大天后宮など
4月～5月頭		ホタル鑑賞	梅嶺風景區
5月頃	農暦四月中旬（3年に1回）	西港燒王船	西港慶安宮
5月～6月	農暦四月二十六日、二十七日	王爺祭	南鯤鯓代天府
5月中旬 ～6月上旬		阿勃勒花の季節 (日本語ではナンバンサイカチという花らしい)	台南大學、成功大學、林森路 & 東豐路、巴克禮紀念公園、等
5月～6月		鳳凰花（ホウオウボクの花）の季節	成功大學、台南大學、台南運河、高鐵台南站
6月頃	農暦五月五日	國際龍舟錦標賽（ドラゴンボートレース）	台南運河
6月～7月		臺南國際芒果節	玉井
6月～8月		蓮の季節	白河（7月には白河蓮花フェス）
7月～8月頃	農暦七月七日	做十六歲	開隆宮、孔子廟
9月		孔廟文化祭	孔子廟
9月～10月頭	農暦八月十五日	中秋節	
9月～10月		關子嶺溫泉美食節	關子嶺溫泉
9月～10月頃	農暦九月，十月	西拉雅夜祭	東山吉貝耍、大內頭社、白河六重溪
10月第1土曜		南吼音樂祭	安平
10月～12月		台南美食節	台南市內
10月 ～翌年4月頃		鳥鑑賞の季節	四草、曾文溪口（曾文溪という川の河口あたり）
11月		清燙牛肉節	台南市內

中国語や台湾語はとにかく発音が難しいので発音の基礎ができてないとキビシイけど、実用的でなおかつ比較的言いやすい単語をいくつかチョイスしました。実際に台南で使ってみよう！

ハナコトバ

ハナコの台南でのひとことレッスン

歹勢／拍謝　台：パイセー

台湾語で「ごめんなさい」「すみません」を意味する便利な言葉。大阪弁で１から数字を数えたときの「9、10」の音で。

沒關係《メイグワンシー》

mei2 guan1 xi　ㄇㄟˊ ㄍㄨㄢ ㄒㄧ˙

「ごめんなさい」に対し「いいですよ」「大丈夫ですよ」の意。大阪弁で「はよ行こかー」の音で。台湾語では「ボヤキン」。

多少錢《ドゥオーサオチェン》？

duo1 shao3 qian2 ㄉㄨㄛ ㄕㄠˇ ㄑㄧㄢˊ

「いくらですか？」の意。大阪弁で「ほんだらなぁ(、～～)」の音で。台湾語では「ワゼジー(ン)」

內用《ネイヨン》／外帶《ワイダイ》

nei4 yong4／wai4 dai4

ㄋㄟˋ ㄩㄥˋ／ㄨㄞˋ ㄉㄞˋ

文字そのまま、内用＝店内で食べる、外帯＝持ち帰り。両方とも「そうそう！」の音で。鍋の残り汁も持ち帰れるのがステキ。

要《ヤオ》／不要《ブゥヤオ》

yao4／bu2 yao4　ㄧㄠˋ／ㄅㄨˊ ㄧㄠˋ

文字そのまま。大阪弁で「そう！」／「ええモン」の音で。小吃店では「要不要辣（ヤオブヤオラー。辛くする？）」とよく聞かれる。

你好《ニーハオ》　ni3 hao3　ㄋㄧˇ ㄏㄠˇ

大阪弁の「ええのん？」の音で。「ハオ」の「オ」は「ウ」に近い。ヤマサキ兄妹は実際には「ハロー」で済ましている。

呷飽沒？　台：ジャッパーボェ

台湾語で「ごはん食べた？」の意味だけど「まいど！」的挨拶として使われている。大阪弁で「はっちゃんか？」の音で。（岡八郎の愛称イメージ）

謝謝《シェーシェ》　xie3 xie　ㄒㄧㄝˋ ㄒㄧㄝ˙

「ありがとう」の意。台湾語なまりだとセーセー。大阪弁で「(またそんなん) 言うて！」の音で。台湾語では「多謝（ドーシャー）」。

不會《ブゥフェイ》　bu2 hui4　ㄅㄨˊ ㄏㄨㄟˋ

「どういたしまして」の意味。大阪弁の「ええなぁ！」の音で。お年寄りがやってるめし屋では台湾語で「ベー」と言われることも。

不好意思《ブゥハオイース》

bu4 hao3 yi4 si　ㄅㄨˋ ㄏㄠˇ ㄧˋ ㄙ˙

「すみません」の意。よく使う言葉。「ごめんなさい」ではない。大阪弁の「しゃーけどそんなん」の音で。

超市《チャオスー》 chao1 shi4　ㄔㄠ ㄕˋ

「スーパーマーケット」の意。超級市場の略。大阪弁の「5、6」の音で。
Carrefour 家樂福：ジャーラーフゥ、大潤發：ダールンファ、全聯：チュェンリェン、俗俗的賣：スースーダマイ、Costco 好市多：コスコ

菜市場《ツァイスーチャン》

cai4 shi4 chang2　ㄘㄞˋ ㄕˋ ㄔㄤˊ

「伝統的な市場」の意。主に朝市のこと。大阪弁で「そう！ 買うてん！」の音で。
東菜市：ドンツァイスー、水仙宮：シュェイシェンゴン、鴨母寮：ヤームゥリャオ

夜市《イェースー》 ye4 shi4　ㄧㄝˋ ㄕˋ

大阪弁で「なぁ！　なぁ！」の音で。開催日は「大大武花大武花」で覚えよう。「大尖武花尖武花」という覚え方も。
大東：ダードン（月火金）、武聖：ウーシェン（水土）、花園：ホァユェン（木土日）、小北成功：シャオベイチェンゴン（火金）

我想去《ウォーシャンチュー》○○

wo3 xiang3 qu4　ㄨㄛˇ ㄒㄧㄤˇ ㄑㄩˋ

「○○へ行きたい」の意。○○には地名や場所を。大阪弁の語尾強め・同意を求める「ええけど、なぁ？」の音で。

○○在哪裡《ザイナーリー》？

zai4 na3 li3　ㄗㄞˋ ㄋㄚˇ ㄌㄧˇ

「○○はどこ?」の意。大阪弁の「また肥えたん?」の音で。

洗手間《シーソウジェン》

xi3 shou3 jian1　ㄒㄧˇ ㄕㄡˇ ㄐㄧㄢ

「トイレ」の意。大阪弁でちょっと迷ってる感じの「ええけどなー」の音で。「トイレ」でも通じる。

便利商店《ビェンリーサンディェン》

bian4 li4 shang1 dian4
ㄅㄧㄢˋ ㄌㄧˋ ㄕㄤ ㄉㄧㄢˋ

「コンビニ」の意。大阪弁で「ハイハイ、5、6」の音で。各コンビニ名で呼ぶことが多い。
7-11：セブン、ファミマ：全家（チュェンジャー）、Hi-Life 萊爾富：ハイライフ、OK：オーケー

おまけ

「おぶつだーん」と速く言うと我不知道（ウォブヅダオ。「知らない」の意）に聞こえる。

台鐵台南站（台南火車站）

台南の玄関口。1936年に竣工した台南駅。2階部分を再整備して高級ホテルとして復活させる予定。

Ⓐ 東區北門路二段4號　P22·24

SPECIAL THANKS

王局長、陳科長をはじめ台南市政府観光旅遊局のみなさま、
新聞及國際關係處のみなさま

佳佳のKinoさん、彩虹來了のEricさんをはじめ正興街のみなさま

余金秀
Maggieさん
薛秀瑩＆旦那さん
yukiさん
大洞敦史さん
葉師匠

+3 (City Hut 1828)
綠茶 阿善 阿碩
dion Jimmy 秋引 翊寧
cooperさん peipeiちゃん
楊楊 世凱 玉芬

Ponponちゃん Howardさん
林百貨
新光三越新天地

バターさん バターママファミリー
板垣睦子 宇津宮明美
なつきちゃん＆フレンズ

台湾観光協会大阪事務所

プリンパパママ
HugoとQちゃん
Cecil 君と友達 Mickeyちゃん
Woさん（White do 白做研究所）
1/2藝術蝦

Crowd Lu

川島小鳥

森口泉
あさのちかこ
今井さき 今井剛
山本英直
辻本官代

頼清徳副總統（元台南市長）

ヤマサキ兄妹プロフィール
台南市政府公式 大阪台南応援団

ヤマサキタツヤ

大阪在住イラストレーター
台湾観光協会、台南市政府観光局、チャイナエアラインのポスターや林百貨ビジュアルデザイン、妹ハナコと、シャングリ・ラファーイースタンプラザホテル台南とのコラボなど台湾・台南に関する仕事も多く手がける。著作に日本初台南コミックエッセイ『オモロイ台南-台湾の古都でしこたま食ってきました』(KADOKAWA / エンターブレイン)。
FB @yamasakido
Instagram：@yamasakido

ヤマサキハナコ

台南案内人
2012年から台南に約1年滞在したのち台南と大阪を行ったり来たりしている。
各雑誌等での台南特集にて執筆や、タツヤの台湾での仕事の通訳及びコーディネートを担当。タツヤ著『オモロイ台南』、川島小鳥著『愛の台南』(講談社)の監修。
FB、TW：@hanako704
Instagram：@hanako_704

※本書の情報は、2021年3月現在のものです。
掲載後に変更になる場合があります。

KanKanTrip20

来た見た食うた ヤマサキ兄妹的 **大台南見聞録**

2018年4月30日　第1版第1刷発行
2021年4月30日　第1版第2刷発行

著　者　ヤマサキタツヤ
発行者　田島安江
発行所　株式会社 書肆侃侃房(しょしかんかんぼう)
〒810-0041 福岡市中央区大名2-8-18-501
TEL 092-735-2802 FAX 092-735-2792
http://www.kankanbou.com
info@kankanbou.com

ブックデザイン　増喜尊子(増喜設計室)
編集　池田雪(書肆侃侃房)
印刷・製本　アロー印刷株式会社

ISBN978-4-86385-312-6　C0026